KUCHÁRKA PRE ČERSTVÉ VAJCIA KROK ZA KROKOM

OBJAVTE VIAC AKO 100 ZDRAVÝCH RECEPTOV NA POUŽITIE VAJEC NEOČAKÁVANÝM SPÔSOBOM

Hortenzia Košíková

Všetky práva vyhradené.

Vylúčenie zodpovednosti

Informácie obsiahnuté v tomto eBooku majú slúžiť ako komplexná zbierka stratégií, o ktorých autor tohto eBooku robil prieskum. Zhrnutia, stratégie, tipy a triky sú len odporúčaním autora a prečítanie tohto eBooku nezaručí, že jeho výsledky budú presne odzrkadľovať autorove výsledky. Autor eKnihy vynaložil všetko primerané úsilie, aby poskytol aktuálne a presné informácie pre čitateľov eKnihy. Autor a jeho spolupracovníci nenesú zodpovednosť za žiadne neúmyselné chyby alebo opomenutia, ktoré môžu byť zistené. Materiál v eKnihe môže obsahovať informácie tretích strán. Materiály tretích strán obsahujú názory vyjadrené ich vlastníkmi. Ako taký, autor eKnihy nepreberá zodpovednosť za žiadne materiály alebo názory tretích strán. Či už z dôvodu rozvoja internetu alebo nepredvídaných zmien v politike spoločnosti a usmerneniach na predkladanie redakčných príspevkov, to, čo je uvedené ako fakt v čase písania tohto článku, môže byť neskôr neaktuálne alebo nepoužiteľné.

Elektronická kniha je chránená autorským právom © 202 2 so všetkými právami vyhradenými. Je nezákonné redistribuovať, kopírovať alebo vytvárať odvodené diela z tejto eKnihy ako celku alebo jej častí. Žiadna časť tejto správy nesmie byť reprodukovaná ani opakovane prenášaná v akejkoľvek forme, bez výslovného a podpísaného súhlasu autora.

OBSAH

OBSAH..3
ÚVOD..7
ZÁKLADNÉ RECEPTY Z ČERSTVÝCH VAJEC...8
   1. Vajcia uvarené na tvrdo..9
   2. Smažené vajíčka..11
   3. Pošírované vajcia...13
   4. Praženica..15
   5. Omelety...17
   6. Mikrovlnné vajcia..19
   7. Slaný koláč...21
   8. Frittatas...23
   9. Soufflé...25
   10. Palacinky..27
   11. Meringue...29
   12. Nakladané vajcia..31
   13. Základné cesto na sušienky...33
ČERSTVÉ VAJCIA DENNE...35
   14. Plnené paradajky..36
   15. Španielske suflé na panvici..38
   16. Čučoriedkové raňajky pečené..40
   17. Vajcia v omáčke..43
   18. Vajcia a hniezda...46
   19. Frittata s Fetou a zeleňou...49
   20. Chutné diabolské vajcia..52
   21. Obložené tekvicové palacinky..55
   22. Mrkvové a zemiakové placky..58
   23. B raňajky Hash poháre...61
   24. C hees y V zeleninová frittata...64
   25. Black Bean Brownie Bites...67

26. Florentské sladké zemiaky 70
27. Mrkvové muffinové topy 73
28. Miniatúrne pekanové koláče 76
29. Kakaová torta na vlasy 78
30. Tvarohový tvarohový koláč 80
31. Mikrozelené plnené vajíčka 83
32. Palacinky z hrachu 85
33. Vaječný bielok a Microgreens Omeleta 87
34. Pinon (hovädzia plantain omeleta) 89
35. Portorikánske ryžové buchty 92
36. Flan de queso de Portoriko 94
37. Portoriko sekaná 97
38. Avokádo plnené údenou rybou 100
39. Pečené vajcia s údeným lososom 103
40. Pošírované vajíčko a údený losos 105
41. Konzervované žĺtky 108
42. Vajcia v slanom náleve 111
43. Údená sójová omáčka vajcia 114
44. Kari nakladané vajcia 117
45. Repné nakladané vajcia 120
46. Kukuričné muffiny s údeným moriakom 123
47. Údený losos so zemiakovými plackami 126
48. Pečený údený losos a feta syr 129
49. Cheesecake z údeného lososa 132
50. Čedarové koláčiky 135
51. Pažítkové zemiakové placky 137
52. Kukurica a údený morčací puding 140
53. Krémový koláč z údeného lososa a kôpru 143
54. Latkes s údeným lososom 146
55. Javorovo-škoricové ovsené palacinky 149
56. Švajčiarsky mangold a Quinoa Frittata 151
57. Pikantné pečené vajcia s kozím syrom 154
60. Cesnaková omeleta s hubami a syrom 156
61. Žuvacie jablkové mesiačiky 159
62. Cukrovinka a koláč s nízkym obsahom sodíka 161
63. Hnedý cukor – pekanová zmrzlina 163

64. Lemon Meringue Layer Cake 166
65. Čokoládový krémový koláč 169
66. Čerešňovo-mandľové sušienky 172
67. Ovsené vločky-čokoládové sušienky 175
68. Koláč z kukuričného chleba s nízkym obsahom sodíka 178
69. Čokoládový suflé koláč 181
70. Raňajky Tacos 183
71. Grilovanie hash 185
72. Olivová a bylinková Frittata 187
73. Špargľa Frittata 189
74. Jahodovo-mandľový toast 191
75. Čokoládové palacinky 193
76. Čokoládové orechové oblátky 195
77. Granolové tyčinky a sušené čerešne 197
78. Ovocné a orechové muffiny 199
79. Dvojité tekvicové tyčinky 201
80. Vaječná kôra na pizzu 204
81. Omeleta so zeleninou 206
82. Vaječné muffiny 208
83. Miešané vajcia z údeného lososa 210
84. Steak a vajcia 212
85. Vajcia piecť 214
86. Frittata 217
87. Naan / Palacinky / Palacinky 219
88. Cuketové palacinky 221
89. Quiche 223
90. Raňajkové klobásové guľky 225
91. Raňajky sendviče s klobásou 227
92. pražený čilský puding 229
93. Raňajky sendviče s klobásou 232
94. Nemecké palacinky 234

ČERSTVÝ NÁPOJ Z VAJEC S 237

95. Coquito 238
96. Klasické Amaretto Sour 240
97. Whisky Sour Cocktail 242

98. Nemecký vaječný likér...244
99. Vietnamská vaječná káva..247
100. Zabaglione...249

ZÁVER...**251**

ÚVOD

Všetci vieme, že vajcia sú pre vás dobré. Sú vynikajúcim zdrojom bielkovín a kľúčových živín a sú mimoriadne všestranné na mnoho spôsobov, ako ich pripraviť. Čo je však na vajíčkach najlepšie? Sú chutné.

V tejto knihe nájdete techniky a nápady krok za krokom, aby ste si boli istí, že zakaždým dostanete perfektné a chutné vajíčka. Naučením sa niekoľkých základov môžete pripraviť širokú škálu jedál s jednoduchou prípravou pre niekoľko alebo toľko ľudí, koľko chcete. Takže pokračujte a získajte crack!

ZÁKLADNÉ RECEPTY Z ČERSTVÝCH VAJEC

1. Vajcia uvarené na tvrdo

Inštrukcie

a) Vajcia položte v jednej vrstve na dno hrnca a zalejte studenou vodou. Voda by mala byť asi o palec vyššia ako vajcia. Hrniec prikryjeme a na stredne vysokej teplote privedieme do varu.
b) Keď voda začne vrieť, odstavte hrniec z ohňa a nechajte 18 až 23 minút odstáť. Pre mäkší žĺtok znížte čas na 3 až 4 minúty a 11 až 12 minút pre stredný žĺtok.
c) Sceďte a ihneď nechajte vajíčka preliať studenou vodou, kým nevychladnú, alebo ich vyberte dierovanou lyžicou a vložte ich do ľadového kúpeľa, aby ste zastavili varenie.

2. Smažené vajíčka

Ingrediencie

- Vajcia
- Sprej na varenie, maslo alebo olej
- Soľ a korenie

Inštrukcie

a) Zahrejte panvicu na strednom ohni. Natrite panvicu sprejom na varenie (ak používate iba bežnú panvicu), maslom alebo olejom, podľa vašich preferencií. Ak používate maslo, nechajte dostatok času, aby sa roztopilo, a ak používate olej, nechajte ho 30 sekúnd na zahriatie.

b) Rozbite vajíčko do misky (ak smažíte viacero vajec, môžete ich rozbiť každé do vlastnej misky alebo môžete znova použiť tú istú misku) a vajce jemne vhoďte do panvice. Jemne dochutíme soľou a korením (voliteľné).

c) Vajíčko necháme uvariť, kým bielko nestuhne a okraje sa nezačnú vlniť, asi 3 až 4 minúty. Odolajte nutkaniu sa rozčuľovať – vaše vajíčka budú lepšie, ak ich necháte samé. Pre slnečnú stranu jednoducho posuňte vajíčko na tanier. Pre príliš ľahké, príliš stredné alebo príliš dobré vajcia pokračujte ďalším krokom.

d) Pomocou špachtle jemne prevráťte vajíčko. Nemusíte ho dostať celý pod vajce, ale pred prevrátením sa uistite, že je pod žĺtkom. Varte ešte asi 30 sekúnd pre over-easy, 1 minútu pre over-medium a minútu a pol pre over-well. Ešte raz otočte a posuňte na tanier.

3. Pošírované vajcia

Ingrediencie

- Vajcia
- Voda
- Soľ a korenie

Inštrukcie

a) Naplňte panvicu 8 cm vody a priveďte ju do varu. Medzitým rozbite každé vajce do vlastnej malej misky, aby boli pripravené na použitie, keď voda dosiahne správnu teplotu.

b) Keď sa voda dostane do varu, znížime ju na mierny var. Držte misku tesne nad vriacou vodou a jemne vsuňte vajíčko do vody. Rovnakým spôsobom vhoďte aj druhé vajce a snažte sa sledovať poradie, v ktorom vstúpili. Prvé vajce by malo byť prvé vajce von. Nezabudnite použiť viac vody, ak varíte viac vajec, aby teplota vody príliš neklesla.

c) Vajcia vyberieme po 3 minútach na mäkké alebo ich necháme 5 minút povariť, aby žĺtok bol pevnejší. Odstráňte dierovanou lyžicou a vypustite čo najviac vody. Vajíčko by sa malo kývať (ale len trochu), keď budete lyžičkou pohybovať. Uvarené vajcia položte na papierovú utierku a dochuťte soľou a korením (voliteľné).

4. Praženica

Ingrediencie

- Vajcia
- Mlieko
- Sprej na varenie alebo maslo
- Soľ a korenie (voliteľné)

Inštrukcie

a) Na prípravu jednej porcie miešaných vajec rozbite 2 vajcia do misky a zašľahajte 2 polievkové lyžice (30 ml) mlieka. Ak chcete, dochuťte soľou a korením.
b) Zahrejte panvicu na strednom ohni. Natrite panvicu sprejom na varenie (ak používate iba bežnú panvicu) alebo maslom podľa vašich preferencií. Ak používate maslo, nechajte dostatok času, aby sa rozpustilo. Nalejte vajcia do panvice a znížte oheň na stredne nízky.
c) Jemne hýbte vajíčkami pomocou špachtle, čím vytvoríte mäkký tvaroh. Pokračujte v miešaní, kým už v panvici nezostane žiadne tekuté vajce, ale kým sa vajíčka nezdajú byť suché.
d) Ihneď vyberte vajcia a tanier.

5. Omelety

Ingrediencie
- 2 vajcia
- 2 polievkové lyžice (30 ml) vody
- Sprej na varenie, maslo alebo olej
- Požadované plnky (napr.: syr, šampiňóny, zelená paprika)
- Soľ a korenie (voliteľné)

Inštrukcie

a) Metličkou alebo vidličkou rozšľaháme vajcia s 2 polievkovými lyžicami (30 ml) vody. Dochuťte soľou a korením (voliteľné). Dbajte na to, aby ste spolu dobre zapracovali žĺtok a bielok.

b) Zohrejte panvicu na stredne vysokú teplotu. Natrite panvicu sprejom na varenie (ak používate iba bežnú panvicu), maslom alebo olejom, podľa vašich preferencií. Ak používate maslo, nechajte dostatok času, aby sa roztopilo, a ak používate olej, nechajte ho 30 sekúnd na zahriatie.

c) Keď je panvica horúca, nalejte zmes. Keď vaječná zmes tuhne okolo okraja panvice, pomocou špachtle jemne zatlačte varené porcie smerom k stredu panvice. Nakloňte a otočte panvicu, aby neuvarené vajce vytieklo do prázdnych priestorov. Keď povrch vajíčka vyzerá vlhký, ale nehýbe sa, keď sa panvica kýva, je pripravené na plnenie. Plnku pridávajte striedmo – máločo zaberie.

d) Omeletu stierkou preložíme na polovicu a pred posúvaním na tanier necháme spodok mierne zhnednúť. Ak vám ostane plnka, zvyšok nalejte na omeletu.

6. Mikrovlnné vajcia

Ingrediencie
- 1 vajce
- Sprej na varenie, maslo alebo olej
- Štipka soli

Inštrukcie
a) Natrite nádobu alebo rám vhodný do mikrovlnnej rúry sprejom na varenie, maslom alebo olejom, podľa vašich preferencií (ak používate mikrovlnný varič vajec, nie je potrebné žiadne poťahovanie). Na dno nádoby nasypte niekoľko zrniek soli. Soľ priťahuje mikrovlnnú energiu a pomáha rovnomerne uvariť vajíčko.

b) Do nádoby rozbite vajíčko. Žĺtok a bielok prepichnite vidličkou 4- alebo 5-krát (prepichnutie je potrebné, aby pri varení nevybuchlo).

c) Zakryte plastovou fóliou a potiahnite malú oblasť na vetranie (ak používate mikrovlnný varič vajec, položte veko na základňu a zaistite ho otočením).

d) PRE VAJCIA UVARENÉ NA MÄKKU: Mikrovlnná rúra na vysokom (100 % výkon) 30 sekúnd alebo na strednom (50 % výkon) na 50 sekúnd. Pred odstránením plastového obalu alebo veka nechajte 30 sekúnd odstáť. Ak je stále nedostatočne uvarené, otočte vajíčko v nádobe, zakryte ho a vložte do mikrovlnnej rúry na ďalších 10 sekúnd, alebo kým sa neuvarí podľa potreby.

e) PRE VAJCIA UVARENÉ NA TVRDO: Mikrovlnná rúra na vysokej úrovni (100 % výkon) po dobu 40 sekúnd. Pred odstránením plastového obalu alebo veka nechajte 30 sekúnd odstáť. Ak je stále nedostatočne uvarené, otočte vajíčko v nádobe, zakryte ho a vložte do mikrovlnnej rúry na ďalších 10 sekúnd, alebo kým sa neuvarí podľa potreby.

7. Slaný koláč

Ingrediencie
- 4 vajcia
- Predpečená škrupina koláča
- Požadované náplne
- 1 1/2 šálky (375 ml) smotany alebo mlieka
- Soľ a korenie (voliteľné)

Inštrukcie
a) Predhrejte rúru na 350 ° F (180 ° C). Na spodok koláča nasypte syr a akékoľvek iné plnky, ktoré chcete.
b) V miske vyšľaháme vajcia a smotanu, kým sa dobre nezmiešajú. Dochuťte soľou a korením (voliteľné).
c) Opatrne nalejte zmes do škrupiny koláča.
d) Pečieme 35 až 40 minút alebo kým plnka nezíska zlatistú farbu. Ak chcete skontrolovať pripravenosť, vložte nôž do stredu quiche. Ak vyjde čistý, je hotovo! Pred podávaním nechajte 10 minút postáť.

8. Frittatas

Ingrediencie
- 8 vajec
- 1/2 šálky (125 ml) vody
- 1/8 čajovej lyžičky (0,5 ml) soli
- 1/8 čajovej lyžičky (0,5 ml) korenia
- Sprej na varenie, maslo alebo olej
- 2 šálky (500 ml) na plnenie ingrediencií (nakrájaná zelenina, mäso, hydina, morské plody alebo kombinácia)
- 1/2 šálky (125 ml) strúhaného syra
- Čerstvé alebo sušené bylinky podľa chuti (voliteľné)

Inštrukcie
a) Predhrejte rúru na grilovanie. V strednej miske vyšľaháme vajcia, vodu, bylinky, soľ a korenie. Odložte bokom.

b) Zahrejte 10-palcovú (25 cm) nepriľnavú panvicu odolnú voči rúre na strednom ohni. Panvicu potrite sprejom na varenie (ak používate iba bežnú panvicu), maslom alebo olejom, podľa vašich preferencií. Ak používate maslo, nechajte dostatok času, aby sa roztopilo, a ak používate olej, nechajte ho 30 sekúnd na zahriatie. Pridajte plniace prísady, duste ich, kým sa úplne neuvaria, za častého miešania.

c) Nalejte vaječnú zmes. Keď zmes stuhne okolo okraja panvice, varené porcie jemne nadvihnite špachtľou, aby pod nimi tieklo neuvarené vajce. Varte, kým nie je spodok stuhnutý a vrch takmer stuhnutý, približne 8 až 10 minút

d) Navrch posypeme syrom. Umiestnite panvicu pod predhriaty brojler na 2 alebo 3 minúty, aby sa roztopil syr a nafúkla frittata, alebo prikryte pokrievkou a varte niekoľko minút na varnej doske.

e) Uvoľnite okolo okraja frittaty nožom. Nakrájajte na mesiačiky a podávajte.

9. Soufflé

Ingrediencie

- 4 vajcia
- 2 bielka
- 2 polievkové lyžice (30 ml) masla
- 2 polievkové lyžice (30 ml) univerzálnej múky
- 1/2 čajovej lyžičky (2,5 ml) soli
- Štipka korenie
- 3/4 šálky (175 ml) mlieka (1%)
- 1/4 čajovej lyžičky (1,25 ml) vinného kameňa

Inštrukcie

a) Predhrejte rúru na 375 ° F (190 ° C). V strednom hrnci na miernom ohni roztopte maslo. Vmiešame múku, soľ a korenie. Za stáleho miešania varíme, kým zmes nie je hladká a bublinková. Postupne vmiešame mlieko. Pokračujte v miešaní, kým zmes nie je hladká a nezhustne.
b) Oddeľte 4 žĺtky, 2 z bielkov si nechajte. Dobre vyšľahajte žĺtky a pridajte k nim 1/4 šálky (60 ml) teplej omáčky.
c) Zmiešajte túto žĺtkovú zmes so zvyšnou omáčkou a dôkladne premiešajte.
d) Vo veľkej mise vyšľaháme bielka s tatárskou smotanou do tuha, ale nie do sucha.
e) Časť bielkov vmiešame do omáčky, aby bola ľahšia, potom jemne, ale dôkladne vmiešame omáčku do zvyšných bielkov.
f) Opatrne nalejte do 4-šálky (1 l) jemne vymastenej suflé alebo zapekacej misy.
g) Pečieme, kým sa nenafúkne a nezhnedne, asi 20 až 25 minút.

10.   Palacinky

Ingrediencie
4 vajcia
1/2 čajovej lyžičky (2,5 ml) soli
2 šálky (500 ml) univerzálnej múky
2 šálky (500 ml) mlieka
1/4 šálky (60 ml) rastlinného oleja
Sprej na varenie alebo maslo

Inštrukcie
a) Zmiešajte vajcia a soľ v strednej miske. Postupne pridávame múku, striedavo s mliekom a šľaháme do hladka. Pomaly prišľaháme olej. Na tento krok môžete použiť aj mixér. Všetky ingrediencie spracujte do hladka, asi 1 minútu. Cesto dajte do chladničky aspoň na 30 minút, aby sa múka roztiahla a všetky vzduchové bubliny splaskli. Cesto môže počas tejto doby zhustnúť, takže ho možno budete musieť zriediť pridaním trochu mlieka alebo vody. Krepové cesto by malo mať konzistenciu hustej smotany.
b) Potrite krepovú panvicu trochou spreja na varenie (ak používate iba bežnú panvicu) alebo masla. Zohrievajte na stredne vysokej teplote, kým kvapôčky vody po prisypaní do panvice nezasyčajú.
c) Cesto premiešajte a naraz nalejte asi 3 polievkové lyžice (45 ml) cesta do panvice.
d) Rýchlo nakloňte a otáčajte panvicou a jemne ňou krúživým pohybom potriasajte, aby sa dno panvice pokrylo cestom.
Varte, kým spodok palačinky mierne nezhnedne, asi 45 sekúnd. Palačinku otočte lopatkou a varte ďalších 15 až 30 sekúnd. Preložíme na tanier a opakujeme so zvyšným cestom. Ak sa palacinky začnú lepiť, pridajte na panvicu viac spreja na varenie alebo masla.

11. Meringue

Ingrediencie
- 3 bielka pri izbovej teplote
- 1/4 čajovej lyžičky (1,25 ml) krému z vínneho kameňa alebo citrónovej šťavy
- 1/4 šálky (60 ml) kryštálového cukru

Inštrukcie
a) Predhrejte rúru na 425 °F (220 °C). Na prípravu základnej pusinky oddeľte bielky a vložte ich do sklenenej alebo kovovej misky (plastové misky môžu mať mastný film, ktorý zabraňuje peneniu). Vajíčka oddeľte bez toho, aby ste v bielkoch zanechali stopy po žĺtku, pretože tuk v žĺtku zabráni bielkom vyvinúť požadovaný objem.
b) Pridáme tatársku smotanu a pomocou elektrického šľahača vyšľaháme bielka do peny. Mali by tvoriť to, čo sa nazýva mäkké vrcholy. Vrcholy sú „kopce", ktoré sa vytiahnu pri vyberaní šľahačov z peny. Budete vedieť, že vaše špičky sú mäkké, keď špičky jemne padnú.
c) Postupne pridávajte cukor po 1 až 2 polievkových lyžiciach (15-30 ml), kým sa všetko nezapracuje a vrcholy nebudú lesklé. Pokračujte v šľahaní, kým pena nevytvorí tuhé vrcholy a všetok cukor sa rozpustí. Ak chcete vyskúšať, či sa cukor rozpustil, pretrepte vyšľahanú pusinku medzi palcom a ukazovákom. Ak sa vám zdá, že je krupica, šľahajte vajcia o niekoľko sekúnd dlhšie, kým nebudú hladké.
d) Pusinky naložte na teplú plnku a pečte asi 4 alebo 5 minút – len toľko, aby vrcholky jemne zhnedli.

12. Nakladané vajcia

Ingrediencie
- 12 vajec uvarených na tvrdo
- 1 šálka (250 ml) vody
- 1 šálka (250 ml) bieleho octu
- 1 polievková lyžica (15 ml) kryštálového cukru
- 1 čajová lyžička (5 ml) soli
- 2 čajové lyžičky (10 ml) nakladacieho korenia

Inštrukcie
a) V malom hrnci na vysokej teplote zmiešajte vodu, ocot, cukor, soľ a nakladacie korenie. Za častého miešania priveďte do varu, kým sa cukor nerozpustí. Znížte teplotu na minimum a varte 10 minút.
b) Uistite sa, že sú úplne vychladnuté, olúpte natvrdo uvarené vajcia a vložte ich do pohára. Zistite, ako vyrobiť perfektné vajíčka uvarené na tvrdo na str.4.
c) Nalejte horúcu nakladaciu tekutinu do pohára priamo na vajcia. V tomto kroku môžete nakladacie koreniny precediť, ale neprepasírované ingrediencie zaistia peknú prezentáciu.
d) Pred použitím dajte do chladničky aspoň 2 dni.

13. Základné cesto na sušienky

Ingrediencie

- 2 1/4 šálky (550 ml) univerzálnej múky
- 1 čajová lyžička (5 ml) sódy bikarbóny
- 1/4 čajovej lyžičky (1,25 ml) soli
- 3/4 šálky (175 ml) masla pri izbovej teplote
- 3/4 šálky (175 ml) kryštálového cukru
- 3/4 šálky (175 ml) baleného hnedého cukru
- 2 vajcia
- 1 čajová lyžička (5 ml) vanilky

Inštrukcie

a) Predhrejte rúru na 350 °F (180 °C) a plechy vyložte papierom na pečenie alebo silikónovou podložkou. Zmiešajte múku, sódu bikarbónu a soľ v strednej miske.
b) Maslo a kryštálový a hnedý cukor vyšľaháme elektrickým mixérom vo veľkej mise do hladkej a nadýchanej hmoty. Pridajte vajcia a vanilku a šľahajte, kým sa dobre nezmiešajú. Pridajte zmes múky a šľahajte, kým sa nespojí.
c) Na pripravené plechy nalejte lyžicu cesta asi 2 palce (5 cm) od seba. Pečte, kým sušienky nestratia svoj lesklý vzhľad, asi 9 minút. Sušienky nechajte 1 minútu vychladnúť na plechu a potom ich prenaste na mriežku, aby úplne vychladli.

ČERSTVÉ VAJCIA DENNE

14. Plnené paradajky

Ingrediencie :

- 8 malých paradajok, alebo 3 veľké
- 4 vajcia uvarené natvrdo, vychladnuté a olúpané
- 6 lyžíc Aioli alebo majonézy
- Soľ a korenie
- 1 lyžica petržlenovej vňate, nasekaná
- 1 lyžica bielej strúhanky, ak používate veľké paradajky

Pokyny :

a) Paradajky ponorte do misky s ľadovou alebo extrémne studenou vodou po tom, čo ich na 10 sekúnd olúpte v panvici s vriacou vodou.

b) Z paradajok odrežte vršky. Pomocou čajovej lyžičky alebo malého ostrého noža zoškrabte semienka a vnútro.

c) Vajcia roztlačte s aioli (alebo majonézou, ak používate), soľou, korením a petržlenovou vňaťou v miske.

d) Paradajky naplňte plnkou a pevne ich zatlačte. Nasaďte viečka pod ostrým uhlom na malé paradajky.

e) Naplňte paradajky až po vrch a pevne ich zatlačte, kým nebudú vyrovnané. Pred krájaním na krúžky pomocou ostrého rezbárskeho noža dajte na 1 hodinu do chladničky.

f) Ozdobte petržlenovou vňaťou .

15. Španielske suflé na panvici

Porcie : 1

Zložka

- 1 Box španielska rýchla hnedá ryža
- 4 Vajcia
- 4 unce Nakrájané zelené čili papričky
- 1 šálka Voda
- 1 šálka Strúhaný syr

Pokyny :

a) Pri varení obsahu škatule postupujte podľa pokynov na obale .

b) Keď je ryža hotová, primiešajte zvyšné ingrediencie , okrem syra.

c) Navrch posypte strúhaným syrom a pečte pri 325 °F 30-35 minút.

16. Čučoriedkové raňajky pečené

Výťažok: 6 porcií

Ingrediencie :

- 6 plátkov celozrnného chleba, starého alebo vysušeného
- 2 vajcia, rozšľahané
- 1 šálka mlieka bez tuku
- 1/4 šálky hnedého cukru, rozdeleného
- Kôra z 1 citróna, rozdelená
- 2 lyžičky škorice, rozdelené
- 2 1/2 šálky čučoriedok, rozdelené

Pokyny :

a) Predhrejte rúru na 350 stupňov Fahrenheita. Pomocou spreja na varenie vymastite plech na 12 šálok muffinov.

b) Chlieb nakrájame na kocky a odložíme bokom. Vo veľkej mise vyšľaháme vajcia, mlieko a cukor.

c) Pridajte 2 lyžice hnedého cukru, 1/2 lyžičky škorice a 1/2 citrónovej kôry

d) Do vaječnej zmesi vhoďte chlieb a 1 1/2 šálky čučoriedok a šľahajte, kým sa tekutina väčšinou nevstrebe. Cestom naplňte formičky na muffiny do polovice.

e) Zmiešajte 1 lyžicu hnedého cukru a 1 lyžičku škorice v malej miske. Cez poháre na francúzske toasty posypte polevou. Varte 20-22 minút, alebo kým vrch nezhnedne a francúzsky toast nie je hotový.

f) Medzitým vložte zvyšnú 1 šálku čučoriedok, citrónovú kôru a 1 polievkovú lyžicu hnedého cukru do malého hrnca a varte na miernom ohni 8-10 minút, alebo kým sa neuvoľní tekutina.

g) Čučoriedky roztlačte pomocou drviča na zemiaky, kým nedosiahnu požadovanú konzistenciu.

h) Čučoriedkovú zmes použite ako sirup, ktorým pokvapkáte upečené francúzske toasty.

17.   Vajcia v omáčke

Výťažok: 4 porcie

Ingrediencie :

- 1 lyžica olivového oleja
- 1/2 žltej cibule, nakrájanej na kocky
- 1 lyžica paradajkovej pasty
- 3 lyžičky papriky
- 3 strúčiky cesnaku, mleté
- 4 plátky pečenej červenej papriky, nakrájané na kocky
- 1, 28-uncová plechovka drvených paradajok s nízkym obsahom sodíka
- 1/8 lyžičky soli
- 3 šálky čerstvého špenátu
- 1/4 šálky čerstvej petržlenovej vňate, nasekanej
- 4 veľké vajcia
- 2 celozrnné pity, opečené

Pokyny :

a) Vo veľkej nepriľnavej panvici zohrejte olej na strednom ohni.

b) Pridáme cibuľu a dusíme 2 minúty, alebo kým trochu nezmäknú. Po pridaní paradajkovej pasty, papriky a cesnaku varte 30 sekúnd.

c) Pridajte papriku, paradajky a korenie. Po uvedení do varu znížte teplotu na minimum.

d) Varte za občasného miešania 30 minút.

e) Pridajte špenát a polovicu petržlenovej vňate a premiešajte. V paradajkovej zmesi urobte pomocou drevenej lyžice štyri jamky. Do každej zo štyroch jamiek rozbite jedno vajce, prikryte a varte 8 minút, alebo kým bielka nestuhnú.

f) Na záver posypte zvyšnou petržlenovou vňaťou. Podávame s pita chlebom na namáčanie.

18. Vajcia a hniezda

Výťažok: 6 porcií

Ingrediencie :

- 1 libra sladkých zemiakov, ošúpaných
- 2 lyžice olivového oleja
- 1/4 lyžičky soli, rozdelené
- 1/4 lyžičky čierneho korenia, rozdelené
- 12 veľkých vajec

Pokyny :

a) Predhrejte rúru na 400 stupňov Fahrenheita.

b) Pomocou spreja na varenie potiahnite plech na muffiny s 12 šálkami.

c) Na strúhadle nastrúhame zemiaky a odložíme bokom. Vo veľkej panvici zohrejte olivový olej na stredne vysokej teplote. 1/8 lyžičky soli, 1/8 lyžičky korenia, na kocky nakrájané sladké zemiaky

d) Zemiaky varte do mäkka, asi 5-6 minút. Odstráňte z tepla a odložte, kým nevychladne dostatočne na manipuláciu.

e) Do každého košíčka na muffiny pretlačíme 1/4 šálky uvarených zemiakov. Na dno a boky mafinového košíčka pevne zatlačte.

f) Zemiaky natrieme sprejom na varenie a pečieme 5-10 minút, alebo kým boky jemne nezhnednú.

g) V každom hniezde zo sladkých zemiakov rozbijeme vajíčko a ochutíme zvyšnou 1/8 lyžičky soli a 1/8 lyžičky korenia.

h) Pečte 15-18 minút, alebo kým sa bielka a žĺtky neuvaria na požadovanú úroveň.

i) Pred vybratím z panvice nechajte 5 minút vychladnúť. Podávajte a bavte sa!

19.   Frittata s Fetou a zeleňou

Výťažok: 8 porcií

Ingrediencie :

- 1 lyžica olivového oleja
- 1 malá žltá cibuľa, nakrájaná na kocky
- 2 strúčiky cesnaku, mleté
- 4 šálky švajčiarskeho mangoldu nakrájaného na stužky
- 8 veľkých vajec
- 1/4 lyžičky čierneho korenia
- 1/2 šálky syra feta so zníženým obsahom tuku, rozdrobeného
- 2 lyžice čerstvej petržlenovej vňate, nasekanej

Pokyny :

a) Predhrejte rúru na 350 stupňov Fahrenheita.

b) Na stredne vysokej teplote zohrejte veľkú panvicu vhodnú do rúry. Cibuľu restujte 3-4 minúty, alebo kým nezmäkne.

c) Varte ďalšie 3-4 minúty, alebo kým mangold nezvädne.

d) Medzitým si vo veľkej mise vyšľaháme vajcia a čierne korenie.

e) Zmiešajte zmes zeleniny a cibule s vajíčkami v miske. Do vaječnej zmesi primiešame syr feta.

f) Vaječnú zmes vráťte na panvicu vhodnú do rúry a miešajte, aby sa frittata neprilepila.

g) Predhrejte rúru na 350 ° F a pečte panvicu 15-18 minút, alebo kým vajcia nestuhnú.

h) Vyberte z rúry, posypte nasekanou petržlenovou vňaťou a odstavte na 5 minút a potom nakrájajte na 8 porcií. Podávajte a bavte sa!

20. Chutné diabolské vajcia

Výťažok: 6 porcií

Ingrediencie :

- 6 veľkých vajec
- 1 avokádo, rozpolené a zbavené semienok
- 1/3 šálky hladkého netučného gréckeho jogurtu
- Kôra a šťava z 1 citróna
- 1 lyžica dijonskej horčice
- 1/4 lyžičky čierneho korenia
- 1 lyžica mletej pažítky

Pokyny :

a) Vo veľkom hrnci rozbijte vajcia a zalejte ich studenou vodou.

b) Priveďte do varu a potom odstráňte z tepla. Nechajte 15 minút, aby sa vajcia nasiakli do vody v panvici.

c) Vajcia vyberieme a necháme ich vychladnúť. Vajcia ošúpeme a pozdĺžne rozpolíme.

d) V kuchynskom robote zmiešajte 3 žĺtky. Zvyšné žĺtky si odložte na iný účel alebo ich zlikvidujte.

e) V kuchynskom robote zmiešajte avokádo, grécky jogurt, citrónovú kôru a šťavu, dijonskú horčicu a čierne korenie so žĺtkami. Všetko spolu premiešajte, až kým nebude úplne hladké.

f) Umiestnite bielka na servírovaciu misku a zmes vaječných žĺtkov vložte do vrecka so zipsom. Žĺtkovú zmes vytlačte do bielkov odrezaním jedného zo spodných rohov.

g) Nasekané vajce posypeme pažítkou. Podávajte a bavte sa!

21.   Obložené tekvicové palacinky

Výťažok: 12 porcií

Ingrediencie :

- 1 1/2 šálky mlieka bez tuku
- 1 šálka konzervovaného tekvicového pyré
- 1 vajce
- 5 polievkových lyžíc hnedého cukru, rozdelených
- 2 lyžice rastlinného oleja
- 1 lyžička vanilkového extraktu
- 1 hrnček celozrnnej múky
- 1 šálka viacúčelovej múky
- 2 lyžice prášku do pečiva
- 1 1/2 lyžičky škorice, rozdelené
- 1 lyžička nového korenia
- 1/2 lyžičky muškátový oriešok
- 1/4 lyžičky soli
- 3 jablká, ošúpané a nakrájané na kocky

Pokyny :

a) Zmiešajte mlieko, tekvicu, vajce, 3 lyžice hnedého cukru, olej a vanilku vo veľkej mise.

b) Zmiešajte pšeničnú múku, univerzálnu múku, prášok do pečiva, 1 lyžičku škorice, nové korenie, muškátový oriešok a soľ v samostatnej nádobe.

c) Tekvicovú zmes vmiešajte do suchých ingrediencií : kým sa nezapracuje, dávajte pozor, aby ste nepremiešali.

d) V malom hrnci zohrejte 3 lyžice vody na strednom ohni. Pridajte na kocky nakrájané jablká so zvyšnými 2 lyžicami hnedého cukru a 1/2 lyžičky škorice. Zohrievajte 8-12 minút, alebo kým jablká nezmäknú.

e) Odstráňte jablká z ohňa a roztlačte ich pomocou drviča na zemiaky alebo vidličkou, kým sa nevytvorí hrubá jablková omáčka. Odstráňte z rovnice.

f) Medzitým natrite nepriľnavú panvicu alebo mriežku sprejom na varenie a zohrejte na stredne vysokú teplotu.

g) Nalejte 1/4 šálky palacinkového cesta na palacinku na pripravenú panvicu alebo mriežku.

h) Palacinky by sa mali piecť 2-3 minúty z každej strany alebo do zlatista.

i) Podávajte s dusenou jablkovou zmesou navrchu a užívajte si!

22. Mrkvové a zemiakové placky

Výťažok: 6 porcií

Ingrediencie :

- 2 veľké červené zemiaky, ošúpané
- 2 veľké mrkvy, olúpané
- 1 malá žltá cibuľa, olúpaná
- 4 bielka, vyšľahané
- 3 lyžice univerzálnej múky
- 1 lyžička prášku do pečiva
- Nelepivý sprej na varenie
- 3/4 šálky nesladenej jablkovej omáčky, voliteľné

Pokyny :

a) Pomocou veľkej strany strúhadla nastrúhajte očistené zemiaky, mrkvu a cibuľu.

b) Vytlačte prebytočnú vodu z strúhanej zeleniny pomocou papierovej utierky nad umývadlom.

c) Vo veľkej nádobe zmiešajte scedenú zeleninu.

d) Zemiakovú zmes zmiešame s vyšľahanými bielkami.

e) Múku, prášok do pečiva a soľ zmiešame so zemiakovou zmesou.

f) Nastriekajte nepriľnavú panvicu sprejom na varenie a zohrejte na strednom ohni.

g) Dajte 1/4 šálky kopčekov zemiakovej zmesi na panvicu, pričom medzi jednotlivými palacinkami nechajte 1-palcovú medzeru. 3 minúty v rúre

h) Otočte a varte ďalšie 3 minúty na druhej strane alebo do zlatista. Opakujte so zvyškom zemiakovej zmesi.

i) Podávajte.

23. B raňajky Hash poháre

Porcie: 12

Ingrediencie :

- Sprej na pečenie
- 3 šálky mrazených rožkov, rozmrazených
- 5 plátkov morčacej slaniny
- 1 ½ šálky nízkocholesterolovej náhrady vajec
- 1 šálka strúhaného syra čedar so zníženým obsahom tuku
- 3 polievkové lyžice beztukového margarínu
- ¼ šálky nakrájanej cibule
- ¼ šálky nasekanej papriky čierneho korenia

Inštrukcie

a) Predhrejte rúru na 400 stupňov Fahrenheita. Pred použitím nechajte hash brown zohriať na izbovú teplotu. Pripravte si formu na muffiny so sprejom na varenie.

b) Pripravte si slaninu. Pred podávaním nechajte vychladnúť.

c) Zmiešajte hash browns, soľ a korenie spolu. 12 košíčkov na muffiny, rovnomerne rozdelených

d) Pečieme 15 minút pri 400 stupňoch alebo kým jemne nezhnedne. Vyberte misku z rúry.

e) Medzitým vyšľaháme vajcia, syr, cibuľu a papriku.

f) Nakrájajte slaninu a navrstvite ju na hash hnedú zmes do košíčkov na muffiny.

g) Do košíčkov na muffiny rovnomerne lyžičkou nalejte zmes vajec. Predhrejte rúru na 350 ° F a pečte 13 až 15 minút. Podávajte.

24. Cheesy zeleninová frittata

S porcií: 6

Ingrediencie :

- 6 veľkých vajec
- 2 lyžice celozrnnej múky
- 1 lyžička čierneho korenia
- 1 stredná cibuľa, nakrájaná na ½-palcové kúsky
- 1 šálka čerstvého alebo mrazeného špenátu, nakrájaného na ½-palcové kúsky
- 1 šálka červenej a/alebo zelenej papriky, nakrájanej na ½-palcové kúsky
- 1 šálka čerstvých húb, nakrájaných na plátky
- 1 strúčik cesnaku, nasekaný nadrobno
- 2 polievkové lyžice lístkov čerstvej bazalky
- ⅓ šálky čiastočne odstredeného syra mozzarella, nastrúhaný
- Sprej na pečenie

Inštrukcie

a) Predhrejte rúru (bežnú alebo hriankovaciu rúru) na grilovanie.

b) Vo veľkej mise vyšľaháme vajcia do peny, potom pridáme celozrnnú múku, čierne korenie a prášok do pečiva.

c) Ťažkú panvicu s rukoväťou odolnou voči rúre natrieme sprejom na varenie a zohrejeme na strednom ohni.

d) Pridajte cibuľu a restujte, kým nezmäkne, potom pridajte špenát, papriku a šampiňóny a ďalej dusíme ďalšie 2-3 minúty.

e) Po pridaní cesnaku a bazalky varte 1 minútu. Aby sa veci nepripálili, neustále ich miešajte.

f) Nalejte vaječnú zmes do panvice a premiešajte, aby zahŕňala zeleninu.

g) Varte 5-6 minút, alebo kým vaječná zmes nestuhne na dne a nezačne tuhnúť na vrchu.

h) Pridajte nastrúhaný syr a jemne ho zadnou stranou lyžice zatlačte pod vajíčka, aby sa v rúre nepripálil.

i) Predhrejte rúru na grilovanie a pečte 3-4 minúty, alebo kým nebudú zlaté a nadýchané.

j) Vyberte z panvice a nakrájajte na 6 častí.

25.   Black Bean Brownie Bites

Výťažok: 16 porcií

Ingrediencie :

- 3/4 šálky čiernej fazule s nízkym obsahom sodíka, scedená
- 1/4 šálky nesladeného jablkového omáčky
- 1/4 šálky repkového oleja
- 2 veľké vaječné bielka
- 1 veľké vajce
- 1/2 šálky baleného hnedého cukru
- 1 lyžička vanilkového extraktu
- 1/4 šálky nesladeného kakaového prášku
- 1/3 šálky celozrnnej múky
- 1/2 lyžičky prášku do pečiva
- 1/2 lyžičky soli
- 1/2 šálky polosladkých čokoládových lupienkov

Pokyny :

a) Predhrejte rúru na 350 stupňov Fahrenheita.

b) Zmiešajte čierne fazule, jablkovú šťavu a repkový olej do hladka v mixéri. Do veľkej misy pridajte vaječné bielka, vajce, cukor a vanilku a šľahajte.

c) Zmiešajte kakaový prášok, múku, prášok do pečiva a soľ v samostatnej nádobe.

d) Múčnu zmes zašľaháme do zmesi čiernej fazule, kým nie je cesto hladké. Čokoládové kúsky by mali byť zložené.

e) Predhrejte rúru na 350 ° F a pečte 20-25 minút, alebo kým nôž vložený do stredu nebude čistý.

f) Pred krájaním na 16 súst a podávaním ho nechajte úplne vychladnúť!

26.   Florentské sladké zemiaky

Výťažok: 4 porcie

Ingrediencie :

- 4 stredné sladké zemiaky
- 2, 10-uncové balenia špenát
- 1 lyžica olivového oleja
- 1 šalotka, mletá
- 2 strúčiky cesnaku, mleté
- 6 sušených paradajok, nakrájaných na kocky
- 1/4 lyžičky soli
- 1/4 lyžičky čierneho korenia
- 1/4 lyžičky vločiek červenej papriky
- 1/2 šálky čiastočne odstredeného syra ricotta

Pokyny :

a) Predhrejte rúru na 400 stupňov Fahrenheita.

b) Sladké zemiaky po prepichnutí vidličkou položte na pripravený plech.

c) Pečte 45-60 minút, alebo kým nie sú zemiaky uvarené. Nechajte čas na vychladnutie.

d) Zemiaky pozdĺž stredu rozrežte nožom a dužinu zemiakov rozpučte vidličkou a potom odložte.

e) Vo veľkej panvici zohrejte olej na strednom ohni. Varte 2-3 minúty, alebo kým šalotka nezmäkne.

f) Varte ďalších 30 sekúnd, alebo kým nebude cesnak aromatický.

g) Vo veľkej mise zmiešajte odkvapkaný špenát, paradajky, soľ, čierne korenie a vločky červenej papriky. Varte ďalšie 2 minúty.

h) Odstavíme z ohňa a necháme vychladnúť.

i) Do špenátovej zmesi zapracujeme syr ricotta.

j) Špenátovú zmes naservírujte na rozdelenú batatovú zmes. Užite si to!

27. Mrkvové muffinové topy

Výťažok: 24 porcií

Ingrediencie :

- 2 1/4 šálky staromódneho ovsa
- 1 šálka celozrnnej múky
- 1/2 šálky mletého ľanového semena
- 2 lyžičky škorice
- 1/2 lyžičky muškátový oriešok
- 1/2 lyžičky sódy bikarbóny
- 1/2 lyžičky soli
- 1 šálka nesladeného jablkového pyré
- 1/2 šálky medu alebo čistého javorového sirupu
- 1 veľké vajce
- 2 čajové lyžičky vanilkového extraktu
- 1/4 šálky nesoleného masla, rozpusteného
- 2 stredné mrkvy, strúhané
- 1 veľké jablko, nastrúhané

Pokyny :

a) Predhrejte rúru na 350 stupňov Fahrenheita.

b) Dva plechy na pečenie vysteľte papierom na pečenie.

c) Zmiešajte ovos, múku, ľanové semienko, škoricu, muškátový oriešok, sódu bikarbónu a soľ vo veľkej mise.

d) Skombinujte jablkový pretlak, med, vajce a vanilkový extrakt v strednej miešacej nádobe. Roztopte maslo a pridajte ho do zmesi.

e) Skombinujte mokré a suché zložky ich zmiešaním. Vo veľkej mise zmiešajte nastrúhanú mrkvu a jablko.

f) Naberajte cesto na pripravený plech a zarovnajte ho pomocou 1/4 šálky.

g) Pečte 14-15 minút, alebo kým jemne nezhnedne a stuhne. Pred podávaním nechajte vychladnúť.

28. Miniatúrne pekanové koláče

Výťažok: 15 porcií

Ingrediencie :

- 1 lyžica masla, rozpusteného
- 1 veľké vajce
- 4 lyžice hnedého cukru
- 2 lyžice medu
- 1/4 lyžičky vanilkového extraktu
- 1/2 šálky pekanových orechov, nasekaných
- 15 mini mušlí phyllo

Pokyny :

a) Predhrejte rúru na 350 stupňov Fahrenheita.

b) Do stredne veľkej nádoby na miešanie pridajte všetky ingrediencie okrem pekanových orechov a šupiek a dôkladne premiešajte. Pridajte nasekané pekanové orechy a dobre premiešajte.

c) Vložte malé koláčové škrupiny na plech na pečenie v rovnomernej vrstve. Naplňte každú škrupinu do polovice pekanovou zmesou. Ak zostane zmes, rovnomerne ju rozložte na všetky škrupiny.

d) Pečieme 10-15 minút. Pred podávaním nechajte vychladnúť.

29. Kakaová torta na vlasy

porcií : 12

Ingrediencie :

- ¾ šálky múky, preosiatej
- ¼ šálky kakaa
- ¼ šálky cukru
- 10 bielkov
- 1 lyžička vínneho kameňa
- 1 šálka cukru

Inštrukcie

a) Predhrejte rúru na 350 stupňov Fahrenheita.

b) Preosejte múku, kakao a 14 šálok cukru.

c) V samostatnej miske vyšľaháme bielka do peny. Vyšľaháme tatársku smotanu do tuha, ale nie do sucha. 1 polievkovú lyžicu naraz, zložte v pohári cukru.

d) Vmiešame vanilkový extrakt. Primiešame malé množstvo múčnej zmesi preosiatu cez cesto. Opakujte, kým nespotrebujete všetku múčnu zmes.

e) Nalejte cesto do 9-palcovej rúrkovej formy, ktorá nebola naolejovaná a pečte 45 minút.

f) Na vychladnutie otočte panvicu a po vybratí z rúry koláč zaveste hore dnom asi na 12 hodín.

30. Tvarohový tvarohový koláč

Porcie: 8

Ingrediencie pre kôru

- ¼ šálky tvrdého margarínu
- 1 šálka nízkotučných grahamových strúhaniek
- 2 lyžice bieleho cukru
- ¼ lyžičky škorice

Ingrediencie na tortu

- 2 šálky nízkotučného tvarohu, pyré
- 2 vajcia
- 3 lyžice univerzálnej múky
- 1 lyžička vanilkového extraktu
- ⅔ šálky bieleho cukru ALEBO ⅓ šálky cukrovej zmesi

Inštrukcie

a) Predhrejte rúru na 325 stupňov Fahrenheita.

b) Rozpustite maslo. Zmiešajte strúhanku z grahamového pečiva, cukor a škoricu v miske. Naplňte 10-palcovú jarnú formu do polovice cestom.

c) Tvaroh rozmixujte v kuchynskom robote.

d) Zmiešajte mlieko, vajcia, múku, vanilku a cukor, kým sa dobre nezmiešajú. Nalejte zmes do koláčovej kôry.

e) Pečieme 60 minút v rúre. Pred podávaním nechajte úplne vychladnúť.

31. Mikrozelené plněné vajíčka

PORCIE 9

Ingrediencie

- 9 vajec
- 1/4 šálky majonézy
- 2 lyžice mäkkého tofu
- štipka soli
- 2 polievkové lyžice nakrájanej reďkovky microgreens
- 3 lyžičky pripravenej horčice
- 2 nakrájané čerstvé reďkovky voliteľné

Inštrukcie

- Vajcia uvarte na tvrdo, kým nie sú hotové – 9-11 minút
- Vajcia ošúpeme a opatrne nakrájame na polovice.
- Odstráňte žlté stredy a vložte ich do malej misky. Pridajte zvyšok ingrediencií (mínus nakrájané reďkovky) a dobre premiešajte.
- Lyžicou nalejte plnku späť do vajíčok a na vrch pridajte plátok čerstvej reďkovky a niekoľko vetvičiek microgreens.

32. Palacinky z hrachu

Ingrediencie

- 3 veľké bio vajcia
- 1 šálka tvarohu
- 2 polievkové lyžice extra panenského olivového oleja
- 1/2 šálky múky z fazule garbanzo (cícera).
- 1 strúčik cesnaku, mletý
- 2 čajové lyžičky citrónovej kôry
- 1/2 lyžičky soli
- 1 šálka nasekaných hráškových výhonkov
- 3 polievkové lyžice nasekanej pažítky

Inštrukcie

a) V kuchynskom robote alebo mixéri zmiešajte vajcia, tvaroh, olej, múku, cesnak, citrónovú kôru a soľ. Strukoviny vo výhonkoch hrachu a pažítke.

b) Mierne vymastenú panvicu zohrejte na strednom ohni.

c) V dávkach pridajte cesto po 1/4 šálky na panvicu a varte palacinky, kým sa na vrchu nevytvoria bubliny, asi 2 až 3 minúty.

d) Otočte a varte, kým palacinky zospodu nezhnednú a stredy sa neprepečú, asi o 1 minútu dlhšie.

e) Nechajte palacinky vychladnúť na kovovej mriežke, kým pripravíte zvyšné cesto.

33. Vaječný bielok a Microgreens Omeleta

Ingrediencie

- 2 bielka
- Štipka soľ a korenie
- 2 lyžičky Mlieko
- Sprej na pečenie

Inštrukcie

a) Vyšľahajte spolu dva bielka a 2 lyžičky mlieka.

b) Pridajte zmes na panvicu s jemnou vrstvou spreja na varenie a varte ich na strednom až miernom ohni.

c) Počas varenia pridajte do vajca trochu soli a korenia, otočte vajíčko, keď spodok vyzerá uvarený.

d) Keď je druhá strana hotová, preložíme ju na tanier, naplníme nakrájaným avokádom, nadrobeným kozím syrom a čerstvými mikrozeleninami a preložíme na polovicu.

34. Pinon (hovädzia plantain omeleta)

Výťažok: 4 porcie

Zložka

- 3 Veľmi zrelé plantajny
- Olej na vyprážanie
- 1 Cibuľa; nasekané
- ½ Zelené korenie; nasekané
- 2 Strúčiky cesnaku
- ½ libry Mleté hovädzie mäso (zvyčajne vynechávam)
- ¼ šálky Paradajková omáčka
- 1 polievková lyžica Kapary
- 1 polievková lyžica Nakrájané zelené olivy (voliteľné)
- Soľ a korenie
- ½ libry Zelené fazule; čerstvé alebo mrazené, nakrájané na 3-palcové kúsky
- 6 Vajcia
- ¼ šálky Maslo

Inštrukcie

a) Banány ošúpeme, nakrájame na 2-palcové hrubé pozdĺžne plátky a opečieme na oleji do zlatista. Vyberte, sceďte a udržujte v teple. Na panvici orestujte cibuľu, zelenú papriku a cesnak do mäkka, ale nie hnedej.

b) Pridajte mleté hovädzie mäso a smažte na vysokej teplote 3 minúty. Nalejte paradajkovú omáčku a podľa potreby pridajte kapary a olivy. Varte 15 minút na strednom ohni, občas premiešajte. Dochutíme soľou a korením podľa chuti. Fazuľové struky umyjeme a naparíme do mäkka. Vajcia rozšľaháme, pridáme soľ a korenie podľa chuti.

c) Boky a spodok okrúhleho kastróla potrieme maslom a zvyšné maslo roztopíme na dne. Nalejte polovicu rozšľahaných vajec a varte na strednom ohni asi 1 minútu alebo do mierneho stuhnutia. Vajíčka prikryte tretinou plátkov plantain, po ktorých nasleduje vrstva polovice mletého mäsa a polovice fazule. Pridajte ďalšiu vrstvu plantajnov, zvyšok mletého hovädzieho mäsa, ďalšiu vrstvu fazule a na vrch pridajte plantajny. Vrch zalejeme zvyškom rozšľahaných vajec. Varte na miernom ohni 15 minút odokryté, dávajte pozor, aby omeleta neprihorela.

d) Potom vložte do predhriatej 350-stupňovej rúry na 10 až 15 minút, aby sa vrch zhnedol.

e) Podávame s ryžou a fazuľou. Vynikajúce na obed.

35. Portorikánske ryžové buchty

Výťažok: 24 buchiet

Zložka

- 2 šálky Mlieko
- 2 unce Maslo
- ¾ lyžičky Soľ
- 2 šálky Veľmi jemná ryžová múka
- 2 lyžičky Prášok do pečiva
- 3 Vajcia
- ½ libry Jemný biely syr
- Bravčová masť alebo rastlinný olej na vyprážanie

Inštrukcie

a) V hrnci zohrejte do varu, Ingrediencie v "A" a odstráňte z tepla.

b) Zmiešajte ryžu a prášok do pečiva a premiešajte s obsahom v hrnci. PO JEDNOM pridávame vajíčka a premiešame.

c) Varte na miernom ohni za stáleho miešania drevenou vareškou, kým sa zmes neoddelí od stien a dna hrnca.

d) Odstráňte z tepla. Syr roztlačíme vidličkou a pridáme. Dôkladne premiešame.

e) Zmes po lyžičkách pridávajte do tuku, zahriateho na 375 F, kým nezhnedne. Vyberte a nechajte odkvapkať na savom papieri.

36.   Flan de queso de Portoriko

Výťažok: 4 porcie

Zložka

- 4 Veľké vajcia s
- 1 plechovka (14 Oz) kondenzované mlieko; Sladené
- 1 plechovka (12 Oz.) Odparované mlieko
- 6 uncí Krémový syr
- 1 lyžička Vanilkový extrakt

Inštrukcie

a) Zmiešajte vajcia, mlieko a vanilku.

b) Smotanový syr zmäknite a zmiešajte s ostatnými ingredienciami. Dávajte pozor, aby ste smotanový syr príliš nepremiešali, pretože by to spôsobilo vzduchové bubliny v lieviku.

c) Pripravte karamel varením ½ šálky cukru na miernom plameni, kým cukor neskvapalní. Na tento účel použite kovovú nádobu.

d) Do panvice/ramekinu otočte len toľko karamelu, aby zakryl dno.

e) Keď je cukor tuhý, nalejte cesto, ktoré ste pripravili podľa pokynov 1 a 2 do panvice/ramekin.

f) vložte panvicu/ramekin do vane. Panvica/ramekin, v ktorej sú ingrediencie, by mala byť zo ¾ ponorená vo vode.

g) Pečieme pri 325 stupňoch Fahrenheita asi ½ hodiny. Flank je hotový, keď nôž/špáradlo vložené doň vyjde čisté.

37. Portoriko sekaná

Výťažok: 1 porcia

Zložka

- 1 libra Mleté mäso
- 1 Vajcia
- 1 malý Nakrájaná cibuľa
- Cesnaková soľ
- Petržlen
- ½ šálky Chlebové omrvinky
- ½ šálky Mlieko
- 1 polievková lyžica Horčica
- 2 Kocky hovädzieho bujónu
- 1 polievková lyžica worcesterská omáčka
- 5 Mrkva ale po dĺžke
- 1 plechovka Paradajkový džús
- 2 médiá Zemiaky

Inštrukcie

a) Mleté mäso, vajce, cibuľu, cesnakovú soľ, petržlenovú vňať, strúhanku, mlieko a horčičný obal spolu poriadne zmiešame.

b) Obalíme ochutenou múkou s paprikou, soľou a korením. Opečte na elektrickej panvici, opečte zo všetkých strán. Pridáme kocky bujónu, worčestrovú omáčku, mrkvu, paradajkovú šťavu a zemiaky.

c) Varte zakryté spolu s mäsom asi 1 hodinu a 15 minút, alebo kým nie je dobre hotové.

38. Avokádo plnené údenou rybou

Výťažok: 4 porcie

Zložka

- 4 Vajcia uvarené na tvrdo
- ¼ šálky Mlieko
- ¼ šálky Precedená čerstvá limetová šťava
- ¼ lyžičky Cukor
- ½ lyžičky Soľ
- ⅓ šálky Zeleninový olej
- 2 polievkové lyžice Olivový olej
- ½ libry Údená biela ryba
- 2 veľké Zrelé avokádo
- 12 Prúžky čerstvej červenej papriky

Inštrukcie

a) V hlbokej miske roztlačte vaječné žĺtky a mlieko spolu s lyžicou alebo vidličkou, kým sa nevytvorí hladká pasta. Pridajte 1 polievkovú lyžicu limetkovej šťavy, cukor a soľ.

b) Potom zašľahajte rastlinný olej po lyžičkách alebo tak; pred pridaním ďalších sa uistite, že sa každé pridanie vstrebe. Za stáleho šľahania po lyžičkách pridajte olivový olej. Do omáčky vmiešame zvyšnú limetkovú šťavu a dochutíme korením.

c) Vložte rybu do misky a vidličkou ju jemne nastrúhajte. Pridajte nasekané bielka a omáčku a jemne, ale dôkladne premiešajte.

d) Do polovičiek avokáda lyžicou vložíme rybiu zmes

39. Pečené vajcia s údeným lososom

Výťažok: 2 porcie

Zložka

- 2 polievkové lyžice Maslo
- 3 polievkové lyžice Mäkké chlebové strúhanky
- 2 Vajcia
- 1 Strúčik cesnaku; mletý
- 2 unce Krémový syr
- 2 unce Údený losos; nakrájané na plátky
- 2 unce Ostrý syr čedar; strúhaný
- 1 Paradajka; nahrubo nakrájané

Inštrukcie

a) Maslové kastróly . Na spodok a boky každého stlačte 2 až 3 čajové lyžičky strúhanky. Zvyšné omrvinky zmiešame s 1 T. masla, rezerva. Do každej misky rozbite vajíčko. Roztlačte cesnak so smotanovým syrom a jemne položte na vajcia. Pridajte údeného lososa, podľa potreby preložte dlhé pásiky.

b) Lososa posypeme strúhaným čedarom. Na každé jedlo položíme 1 tučný plátok paradajky. Polovicu strúhanky rozdrobte na každú misku a pečte v rúre pri teplote 350 °C 8 až 15 minút, potom grilujte 2 až 3 minúty, kým vrch nezhnedne a nebude mierne chrumkavý. Podávajte naraz.

40.   Pošírované vajíčko a údený losos

Výťažok: 4 porcie

Zložka

- ½ šálky kyslá smotana
- 3 polievková lyžica nasekaná pažítka
- 2 polievkové lyžice biele víno
- soľ; ochutnať
- čerstvo mleté čierne korenie; ochutnať
- 4 veľký vajcia
- 4 veľký práve pečené zemiaky
- 4 unca údený losos; julienned
- 1 nasekaná pažítka
- 1 nadrobno nakrájaná červená cibuľa kaviár

Inštrukcie

a) V malej miske kombinujte kyslú smotanu, pažítku a biele víno; dochutíme soľou a korením. Odložte bokom. V plytkej panvici alebo panvici priveďte 2 palce studenej vody a octu do varu na strednom ohni.

b) Znížte teplotu, kým sa voda jemne neuvarí. Rozbite vajcia, jedno po druhom, do ramekin alebo šálky kávy. Držte ramekin čo najbližšie k vode a jemne vložte vajíčko do vody. Vajcia pošúchajte 3 minúty pre veľmi mäkké uvarené, 5 minút pre stredne mäkké.

c) Pomocou dierovanej lyžice vydlabte vajcia. V prípade potreby jemne osušte papierovými utierkami. Nakrájajte otvorený vrch pečených zemiakov a stlačte. Navrch poukladajte vajíčka a prekrížte prúžky lososa. Pomocou stláčacej fľaše alebo čajovej lyžičky pokvapkajte lososa a okolo zemiakov kyslou smotanou omáčkou.

d) Ozdobne ozdobíme pažítkou, cibuľou a kaviárom a ihneď podávame.

41. Konzervované žĺtky

Ingrediencie

- 1½ šálky cukru
- 1½ šálky kóšer soli
- 8 vajec

Inštrukcie

a) Zmiešajte 1 šálku cukru a 1 šálku soli na dne 8-palcovej štvorcovej panvice alebo nádoby dostatočne veľkej na to, aby obsahovala osem vaječných žĺtkov bez toho, aby ste sa jej dotkli.

b) Použite zadnú časť polievkovej lyžice na tvarovanie ôsmich rovnomerne rozložených zárezov v soľnej a cukrovej kúre. Nekopajte príliš hlboko; chcete, aby sa každá časť spodnej časti žĺtka dotýkala cukru a soli.

c) V samostatnej miske oddeľte jedno vajce. Opatrne preneste vaječný žĺtok do jednej z priehlbín a vaječný bielok si nechajte na ďalšie použitie. Postupujte podľa toho so zvyškom vajec, jedno po druhom. Je v poriadku, ak náhodou zlomíte žĺtok, ale najlepšie je nechať ich neporušené.

d) Jemne nalejte zvyšnú ½ šálky cukru a ½ šálky soli na žĺtky, aby ste vytvorili malé kôpky. Uistite sa, že sú žĺtky úplne zakryté.

e) Nádobu alebo nádobu prikryte pevným vekom alebo plastovou fóliou. Opatrne presuňte do chladničky a nechajte žĺtky 4 dni stuhnúť.

f) Na plech položte drôtenú mriežku. Položte žĺtky na mriežku a potom zasuňte panvicu do rúry. Nechajte ich zaschnúť a vytvrdzujte 35 minút. Vaše žĺtky sú teraz pripravené na použitie.

42. Vajcia v slanom náleve

Ingrediencie

- 6 vajec
- ¾ šálky kóšer soli
- 3 šálky vody

Inštrukcie

a) Umiestnite 3-litrovú (alebo väčšiu) nádobu s vekom na stabilný povrch na chladnom mieste mimo dosahu priameho slnečného žiarenia. Opatrne vložte celé vajcia do nádoby a dávajte pozor, aby ste ich nerozbili.

b) Zmiešajte soľ a vodu v džbáne a miešajte, kým nezískate zakalenú soľanku. Jemne nalejte soľanku na vajcia, aby boli úplne pokryté.

c) Nechajte vajcia odležať v slanom náleve aspoň 5 týždňov. Po 12 týždňoch budú príliš slané na to, aby ste si ich mohli vychutnať. Vo vajciach nedôjde k žiadnej vizuálnej zmene.

d) Na varenie vajíčok položte na sporák malý hrniec. Jemne vyberte vajcia z nálevu a opatrne ich vložte na dno hrnca

e) Vajcia nalejte džbánom čerstvej vody, aby boli úplne zakryté. Hrniec prikryjeme a varíme na prudkom ohni, kým voda rýchlo nezovrie. Vypnite oheň, nechajte hrniec prikrytý a nastavte časovač na 6 minút.

f) Po uplynutí času vajcia okamžite sceďte a potom ich nechajte pod studenou vodou, kým nevychladnú. Spotrebujte ihneď alebo uchovávajte v chladničke maximálne 1 týždeň.

g) Ak chcete podávať, jemne rozvaľkajte vajíčko, aby sa po celom povrchu rozbila škrupina. Ošúpte vajíčko. Bielko bude stuhnuté, ale mäkké a žĺtok bude veľmi pevný a jasný. Vajcia zjedzte celé, pozdĺžne ich rozdeľte na polovice alebo nakrájajte.

43. Údená sójová omáčka vajcia

Zložka

- 6 vajec
- 1½ šálky vody
- 1 šálka sójovej omáčky
- 2 lyžice ryžového octu
- 2 lyžice cukru
- 4 čajové lyžičky čaju lapsang souchong v čajovom vrecúšku alebo čajovej guľôčke pre ľahké vybratie

Inštrukcie

1. Opatrne vložte vajcia v jednej vrstve do stredného hrnca a zakryte ich 2 centimetrami vody. Hrniec prikryjeme a varíme na prudkom ohni, kým voda rýchlo nezovrie. Vypnite oheň, nechajte hrniec prikrytý a nastavte časovač na 6 minút. Po uplynutí času vajcia okamžite sceďte a potom ich nechajte pod studenou vodou, kým nevychladnú.

2. Vráťte hrniec na sporák a pridajte vodu, sójovú omáčku, ocot, cukor a čaj. Túto soľanku priveďte do varu a miešajte, aby sa cukor rozpustil. Vypnite oheň a prikryte soľanku, aby zostala teplá.

3. Medzitým rozlomte vaječné škrupiny, aby ste získali mramorovo vyzerajúce vajce, alebo ich úplne ošúpte pre hladký vzhľad a viac chuti sójovej omáčky. Ak chcete rozbiť škrupinu, jemne poklepte jej vrchnou a spodnou časťou o dosku a potom ju zrolujte po jej boku. Ak vajíčka šúpete úplne, najlepšie

výsledky dosiahnete, ak vajíčka začnete šúpať z veľkého, okrúhleho vrchu, kde si všimnete malé vrecko pod škrupinou.

4. Rozbité alebo olúpané vajcia vložte do $1\frac{1}{2}$-litrovej zaváracej nádoby. Čaj vyhoďte a vajíčka zalejte soľankou, aby boli úplne ponorené. Ak vajcia plávajú, zaťažte ich malým vreckom na zips plným vody.

5. Vajcia prikryte a dajte do chladničky aspoň na 6 hodín, aby nabrali chuť nálevu.

44. Kari nakladané vajcia

Zložka

- 6 vajec
- 2 lyžice rascových semien
- 2 čajové lyžičky mletého koriandra
- 1½ šálky vody
- 1 šálka jablčného octu
- 3 strúčiky cesnaku, rozdrvené a olúpané
- 3 tenké plátky čerstvého zázvoru
- 2 čajové lyžičky mletej kurkumy
- 2 čajové lyžičky čierneho korenia
- 2 čajové lyžičky kóšer soli

Inštrukcie

a) Opatrne vložte vajcia v jednej vrstve do stredného hrnca a zakryte ich 2 palcami vody. Hrniec prikryjeme a varíme na prudkom ohni, kým voda rýchlo nezovrie. Vypnite oheň, nechajte hrniec prikrytý a nastavte časovač na 6 minút.

b) Pridajte rascu a koriander a opekajte na strednom ohni za častého miešania, kým sa nerozvonia, asi 2,5 minúty. Okamžite pridajte 1 ½ šálky vody, aby ste zastavili varenie, potom pridajte ocot, cesnak, zázvor, kurkumu, korenie a soľ. Zvýšte teplo na maximum a prevarte soľanku.

c) Medzitým rozlomte škrupinu z vajíčka jemným poklepaním jej vrchnou a spodnou časťou o dosku a potom ju zrolujte po jej boku.

d) Vložte olúpané vajcia do 1½-litrovej zaváracej nádoby. Nalejte soľanku (vrátane jej sušiny) na vajcia, aby boli ponorené do slaného nálevu.

e) Vajcia prikryte a dajte do chladničky aspoň na 4 dni, aby nabrali chuť nálevu.

45. Repné nakladané vajcia

Zložka

- 6 vajec
- 1 veľmi malá červená repa, olúpaná a nakrájaná na štvrtiny
- 1 strúčik cesnaku, rozdrvený a olúpaný
- 2 lyžičky cukru
- 2 čajové lyžičky kóšer soli
- 1 lyžička čierneho korenia
- ½ lyžičky zelerových semienok
- ½ lyžičky kôprových semien
- ¼ lyžičky vločiek červenej papriky (voliteľné)
- 2 celé klinčeky
- 1 malý bobkový list
- 1½ šálky vody
- ¾ šálky jablčného octu

Inštrukcie

a) Opatrne vložte vajcia v jednej vrstve do stredného hrnca a zakryte ich 2 palcami vody. Hrniec prikryjeme a varíme na prudkom ohni, kým voda rýchlo nezovrie. Vypnite oheň, nechajte hrniec prikrytý a nastavte časovač na 6 minút.

b) V hrnci na vysokej teplote zmiešajte repu, cesnak, cukor, soľ, zrnká korenia, zelerové semienka, kôprové semienka, klinčeky, bobkový list, vodu a ocot. Túto soľanku priveďte do varu, miešajte, aby sa rozpustil cukor a soľ.

c) Medzitým rozlomte škrupinu tak, že jej vrchnou a spodnou časťou jemne buchnete o dosku a potom ju rolujete po jej boku.

d) Vložte olúpané vajcia do $1\frac{1}{2}$-litrovej zaváracej nádoby. Vajcia zalejeme teplou soľankou

46. Kukuričné muffiny s údeným moriakom

Výťažok: 36 porcií

Zložka

- 1½ šálky žltej kukuričnej múky
- 1 šálka viacúčelovej preosiatej múky
- ⅓ šálky cukru
- 1 lyžica prášku do pečiva
- 1 lyžička Soľ
- 1½ šálky mlieka
- ¾ šálky masla, rozpusteného, vychladeného
- 2 vajcia, mierne rozšľahané
- ½ libry údené morčacie prsia, nakrájané na tenké plátky
- ½ šálky brusnicového pochutiny alebo medovej horčice

Inštrukcie

a) Predhrejte rúru na 400 stupňov. Maslové formičky na mini muffiny. Zmiešajte kukuričnú múku, múku, cukor, prášok do pečiva a soľ vo veľkej mise. Zmiešajte mlieko, maslo a vajcia v strednej miske. Miešajte mliečnu zmes do zmesi kukuričnej múčky, kým nebude navlhčená. Lyžicou nalejte cesto do mini formičiek na muffiny.

b) Pečieme dozlatista, 14-16 minút. Nechajte päť minút vychladnúť na mriežke. Vyberte z panvíc a nechajte úplne vychladnúť.

47.   Údený losos so zemiakovými plackami

Výťažok: 2 porcie

Zložka

- 150 gramov zemiakovej kaše
- 15 mililitrov bielej múky
- 30 mililitrov mlieka
- 2 vajcia, rozšľahané
- Soľ a čerstvo mleté čierne korenie
- 1 šalátová cibuľa; najemno posekané
- 100 gramov odrezkov z údeného lososa
- 1 polievková lyžica olivového oleja
- 225 gramov Filet z jemne údeného lososa
- 2 vajcia, pošírované

Inštrukcie

a) Zemiaky, múku, mlieko, vajcia a korenie vymiešame na hladké cesto.

b) Vmiešame odrezky z cibule a lososa.

c) Zohrejte panvicu, pridajte trochu oleja a pridajte veľkú lyžicu zmesi. Zo zmesi by malo vzniknúť asi 6-8 palaciniek, každá s priemerom 8 cm (3").

d) Varte každú stranu 1-2 minúty na strednom ohni alebo do zlatista. Odstavíme a udržiavame v teple.

e) Na panvici rozohrejeme olivový olej, pridáme plátky jemne údeného filé z lososa a opekáme z každej strany 1 minútu.

48. Pečený údený losos a feta syr

Výťažok: 2 porcie

Zložka

- 3 unce Údený losos, nakrájaný na kocky
- 6 uncí Smotanový syr, zmäkčený
- 3 unce Syr feta
- 1 Vajíčko, mierne rozšľahané
- 1 lyžička Kapary
- 2 polievkové lyžice Jemne nasekanú petržlenovú vňať
- 4 Jarná cibuľa, obložená, nakrájaná na kocky
- 1 polievková lyžica Mak

Inštrukcie

a) Budete tiež potrebovať 1 plát mrazeného pečiva nakrájaný na obdĺžnik 3 "X 8" a trochu rozpusteného masla. Predhrejte rúru na 375 stupňov. V strednej miske ručne zmiešajte losos, smotanový syr, feta syr, vajce, kapary, petržlenovú vňať a cibuľku. Plát cesta rozvaľkáme na dvojnásobnú veľkosť.

b) Liberálne ho potrieme rozpusteným maslom. Na plech natrieme lososovú zmes. Zrolujte, želé-roll štýl, skladanie koncov do tesnenia. Vrch rolády potrieme rozpusteným maslom a posypeme makom. Urobte ½ palca hlboké diagonálne zárezy cez rolku, aby mohla uniknúť para. Roládu pečieme 20 až 30 minút alebo do zlatista. Podávajte teplé.

49.   Cheesecake z údeného lososa

Výťažok: 1 porcia

Zložka

- 12 uncí Smotanový syr, zmäkčený
- ½ libry Údený losos alebo Lox
- 3 Vajcia
- ½ Šalotka, mletá
- 2 polievkové lyžice Ťažký krém
- 1½ lyžičky Citrónová šťava
- štipka Soľ
- štipka biele korenie
- 2 polievkové lyžice Kryštálový cukor
- ½ šálky Čistý jogurt
- ¼ šálky Kyslá smotana
- 1 polievková lyžica Citrónová šťava
- ¼ šálky Mletá pažítka
- Nakrájaná červená a žltá paprika

Inštrukcie

a) V miske mixéra vyšľaháme syr do mäkka. V kuchynskom robote rozmixujte lososa na pastu; po jednom pridajte vajcia a šalotku.

b) Vložte zmes lososa do misy; vmiešame smotanu, citrónovú šťavu, soľ, korenie a cukor; dobre premiešať. Vmiešame do vyšľahaného tvarohového krému.

c) Nalejte do maslom vymastenej 7- alebo 8-palcovej jarnej formy. Vložte naplnenú panvicu do väčšieho pekáča; obklopte menšiu panvicu 1 palcom horúcej vody. Pečieme 25 až 30 minút .

d) Medzitým si pripravte omáčku.

1.

50. Čedarové koláčiky

Výťažok: 8 porcií

Zložka

- 4 šálky Zmes sušienok
- 1¼ šálky Mlieko
- 2 Vajcia
- ¼ šálky Maslo; roztopený
- 2½ šálky Jemne nastrúhaný syr Cheddar
- Údená morka; na tenké plátky

Inštrukcie

a) Skombinujte sušienkovú zmes, mlieko, vajcia, maslo a syr; dobre premiešajte, kým ingrediencie nezvlhnú.

b) Po lyžiciach kvapkajte na jemne vymastený plech. Zahrejte rúru na 400°F; pečieme 12 až 14 minút alebo do zlatista. Vyberte z rúry a pred vybratím z plechu mierne vychladnite.

c) Na servírovanie rozrežte koláčiky na polovicu a naplňte malým plátkom moriaka.

51. Pažítkové zemiakové placky

Výťažok: 6 porcií

Zložka

- 2 libry Russet Zemiaky; olúpané a nakrájané na kocky
- 1 médium Cibuľa; nakrájame na kúsky
- 2 polievkové lyžice Matzo Jedlo; alebo viacúčelová múka
- 2 Vajcia; oddelené
- 4 polievkové lyžice Čerstvá pažítka; nasekané
- 2 lyžičky Soľ
- ½ lyžičky Biele korenie
- ⅔ šálka Kukuričný olej; na vyprážanie
- 6 uncí Údený losos; na tenké plátky
- 3 unce Zlatý kaviár

Inštrukcie

a) Zemiaky a cibuľu nastrúhame v kuchynskom robote. Preneste obsah pracovnej misy do veľkej misy.

b) Na strednú misku nasaďte veľké sitko. Vložte zmes zemiakov a cibule do sitka a pevne stlačte, aby sa extrahovali tekutiny; rezervné tekutiny.

c) Vráťte zemiakovú zmes do veľkej misy. Vmiešame matzo, žĺtky, 2 polievkové lyžice pažítky, soľ a korenie. Pridajte pastu do zemiakového cesta. Vaječné bielky vyšľaháme do tuha, ale nie do sucha; zložiť do cesta.

d) Zahrejte ⅓ šálky oleja v každej z 2 ťažkých veľkých panvíc na stredne vysokej teplote. Do horúceho oleja dáme 1 vrchovatú polievkovú lyžicu zemiakového cesta na palacinku; každý rozvaľkajte na priemer 3 palce. Palacinky varte, kým spodok nezhnedne

52. Kukurica a údený morčací puding

Výťažok: 4 porcie

Zložka

- 2 polievkové lyžice Maslo
- ½ šálky Jemne nakrájanú cibuľu
- 1 šálka Jemne nakrájaný červený zvon Papriky
- 1 polievková lyžica Kukuričný škrob rozpustený v kuracom vývare
- 1 šálka Svetlý krém
- 4 Vajcia, oddelené
- 1 lyžička dijonská horčica
- 2 šálky Rozmrazené mrazené kukuričné zrná
- 1 šálka Nastrúhaná údená morka
- Soľ a čerstvo pomleté Čierne korenie

Inštrukcie

1. Zohrejte maslo na 9-palcovej panvici. Cibuľu a papriku uvarte do mäkka a cibuľky trochu dohneda.

2. Keď vychladnú, prenoste ich do misky a pridajte kukuričný škrob, smotanu, žĺtky a horčicu. Dobre vyšľaháme, aby sa premiešalo.

3. Kukuricu a morku vmiešame do vaječnej zmesi. Dochutíme soľou a korením. Z bielkov vyšľaháme tuhý sneh, ale nie je suchý a vmiešame ich do žĺtkovej zmesi.

4. Preložíme do maslom vymastenej zapekacej misy a pečieme 35 až 40 minút alebo do hneda a nafúknutia.

5. Podávame s prílohou z nakrájaných zrelých paradajok a vinaigrette.

53. Krémový koláč z údeného lososa a kôpru

Výťažok: 6 porcií

Zložka

- 5 List phyllo - rozmrazený
- 3 polievkové lyžice Nesolené maslo - rozpustené
- 4 veľké Žĺtky
- 1 polievková lyžica Dijonská horčica - PLUS 1 lyžička
- 3 veľké Vajcia
- 1 šálka Polovica a polovica
- 1 šálka Šľahačka
- 6 uncí Údený losos - nasekaný
- 4 Zelená cibuľa - nakrájaná
- $\frac{1}{4}$ šálky Dill

Inštrukcie

1. Dosku na hlboký koláč s priemerom 9-½ palca namažte maslom. Na pracovnú plochu položte 1 fóliu. Fyllo plát potrieme maslom a preložíme pozdĺžne na polovicu.

2. Preložený povrch potrieme maslom. Prekrojte priečne na polovicu. Vložte 1 filový obdĺžnik, maslom nadol, do pripraveného koláčového taniera. Vrch filo v koláčovej doske potrieme maslom. Umiestnite druhý filový obdĺžnik na koláčový tanier, zakryte dno a nechajte pečivo prečnievať cez ďalšiu časť okraja o ½ palca; potrieme maslom.

3. Predhrejte rúru na 350 F. V strednej miske vyšľaháme žĺtky a horčicu, aby sa zmiešali. Zašľaháme vajcia, pol na pol, smotanu, lososa, cibuľu a nasekaný kôpor. Dochutíme soľou a korením. Nalejte do pripravenej kôry.

4. Pečieme, kým nie je stred stuhnutý, asi 50 minút. Preneste do stojana. V pohode.

5. Ozdobte vetvičkami kôpru a podávajte mierne teplé alebo pri izbovej teplote

54. Latkes s údeným lososom

Výťažok: 1 porcia

Zložka

- 2 libry Zemiaky, olúpané
- 1 vajce
- 2 lyžice múky
- ½ lyžičky Soľ
- Mletá paprika podľa chuti
- 2 unce Údený losos, mletý
- 1 šálka zelenej cibule, nakrájanej
- 3 lyžice Rastlinný olej
- Latkes z údeného lososa

Inštrukcie

1. Zemiaky nastrúhame a rukami vytlačíme čo najviac šťavy.

2. Vložte zemiaky do veľkej misy, pridajte múku soľ a korenie; dobre premiešajte.

3. Pridajte údeného lososa a zelenú cibuľku, premiešajte

4. Nalejte 1 polievkovú lyžicu . olej do veľkej zapekacej misy s plytkými stranami; naneste olej na dno.

5. Ponorte veľkú polievkovú lyžicu zemiakovej zmesi $\frac{1}{2}$ palca od seba do vymastenej misky, mierne vyrovnajte.

6. Pečte v rúre asi 8 minút alebo kým latkes nie sú zlatohnedé.

55. Javorovo-škoricové ovsené palacinky

Ingrediencie

- 1½ šálky staromódneho rolovaného ovsa
- ½ šálky celozrnnej múky
- 1 lyžička mletej škorice
- 1 lyžička prášku do pečiva
- 2 šálky nízkotučného cmaru
- 2 lyžice javorového sirupu
- 1 vajce
- Sprej na pečenie

Inštrukcie

1. V strednej miske zmiešajte ovos, múku, škoricu a prášok do pečiva.
2. Vo veľkej mise vyšľaháme cmar, javorový sirup a vajíčko.
3. Pridajte suchú zmes k mokrej zmesi v 2 alebo 3 prídavkoch, po každom pridaní dobre premiešajte. Nechajte odstáť 10 až 15 minút, kým zmes nezhustne.
4. Nastriekajte nepriľnavú panvicu sprejom na varenie a zohrejte ju na strednom ohni. Lyžicou nalejte cesto do panvice, asi ¼ šálky na každú palacinku, a varte 2 až 3 minúty, kým sa na povrchu neobjavia bubliny. Otočte a pokračujte vo varení ďalšie 1 až 2 minúty, kým každá palacinka na druhej strane nezhnedne.

56.   Švajčiarsky mangold a Quinoa Frittata

PODÁVA 6

Zložka

- Sprej na pečenie
- ⅓ šálky neokorenenej strúhanky
- 1 lyžica olivového oleja
- 1 stredná cibuľa, nakrájaná na kocky
- 2 strúčiky cesnaku, mleté
- 1-libra listov švajčiarskeho mangoldu, odstránená tuhá stredná stopka a listy nakrájané na tenké plátky
- 1 lyžica mletého čerstvého tymiánu
- ¼ lyžičky vločiek červenej papriky
- 1 šálka quinoa, uvarená
- 1 šálka čiastočne odstredeného syra ricotta
- ¼ lyžičky čerstvo mletého korenia
- 2 vajcia, zľahka rozšľahané

Inštrukcie

1. Predhrejte rúru na 350 ° F.

2. Nastriekajte 8 x 8-palcovú zapekaciu misu sprejom na varenie a potiahnite ju strúhankou.

3. Olej zohrejte vo veľkej panvici na stredne vysokej teplote. Pridajte cibuľu a cesnak a varte za častého miešania, kým nezmäknú, asi 5 minút.

4. Pridajte mangold a za častého miešania varte ďalšie 3 až 4 minúty, kým zelenina nezvädne. Vmiešame tymián a vločky červenej papriky.

5. Odstráňte panvicu z ohňa a preneste zmes mangoldu do strednej miešacej misy.

6. Uvarenú quinou, syr, korenie a vajcia vmiešame do mangoldovej zmesi. Zmes preložíme do pripravenej zapekacej misy a pečieme v rúre asi 1 hodinu, kým okraje nezačnú hnednúť a stred stuhne.

7. Nechajte frittatu niekoľko minút vychladnúť a potom ju nakrájajte na štvorce. Podávajte teplé alebo pri izbovej teplote.

57. Pikantné pečené vajcia s kozím syrom

PODÁVA 4

Zložka

- Sprej na pečenie
- 10 uncí mrazeného nasekaného špenátu, rozmrazeného a vyžmýkaného do sucha
- 4 vajcia
- ¼ šálky robustnej salsy
- ¼ šálky rozdrobeného kozieho syra
- Čerstvo mleté korenie

Inštrukcie

1. Predhrejte rúru na 325 ° F.

2. Nastriekajte štyri 6-uncové ramekiny alebo poháre na puding sprejom na varenie.

3. Spodnú časť každého ramekinu prikryte špenátom a rovnomerne ho rozdeľte. V strede každej vrstvy špenátu urobte miernu priehlbinu.

4. Rozbite jedno vajce na vrchol špenátu v každom ramekine. Ku každému vajcu pridajte 1 polievkovú lyžicu salsy a 1 polievkovú lyžicu kozieho syra. Posypeme korením.

5. Ramekiny dáme na plech a pečieme v rúre asi 20 minút, kým bielka úplne nestuhnú, ale žĺtok ešte trochu tekutý. Ihneď podávajte.

60. Cesnaková omeleta s hubami a syrom

SLUŽÍ 1

Zložka

- 2 vajcia
- 1 lyžička vody
- Čerstvo mleté korenie
- Sprej na pečenie
- ½ lyžičky mletého cesnaku
- 4 unce nakrájané gombíkové alebo krémové huby
- 1 unca strúhaného švajčiarskeho syra s nízkym obsahom sodíka
- 1 lyžička mletej čerstvej petržlenovej vňate

Inštrukcie

1. V malej miske rozšľahajte vajcia, vodu a korenie podľa chuti, kým sa dobre nespoja.

2. Nastriekajte malú nepriľnavú panvicu sprejom na varenie a zohrejte ju na strednom ohni. Pridajte cesnak a huby a varte za častého miešania, kým huby nezmäknú, asi 5 minút. Hubovú zmes preložíme do misky.

3. V prípade potreby znova postriekajte panvicu sprejom na varenie a umiestnite ju na strednú teplotu. Pridajte vajcia a varte ich, kým okraje nezačnú stuhnúť. Stierkou zatlačte nasadené vajíčko od okrajov smerom k stredu. Nakloňte panvicu, aby sa neuvarené vajce rozšírilo po vonkajšej strane nastaveného vajíčka. Varte, kým omeleta takmer neztuhne.

4. Uvarené šampiňóny vložíme do omelety v rade dolu stredom. Navrch dáme syr a polovicu petržlenovej vňate.

5. Preložte jednu stranu omelety cez vrch druhej strany. Nechajte variť asi 1 minútu, aby sa syr roztopil.

6. Omeletu posuňte na tanier a ihneď podávajte, ozdobenú zvyšnou petržlenovou vňaťou.

61. Žuvacie jablkové mesiačiky

Výťažok: 18 porcií

Zložka

- ¾ šálky Šťava, jablko - koncentrát
- ½ šálky Jablká - sušené
- 2 Vajcia
- ¼ šálky Maslo - rozpustené a vychladnuté
- 1 lyžička Vanilkový
- 1¼ šálky Múka
- ½ lyžičky Prášok do pečiva
- ½ lyžičky Škorica - mletá
- ¼ lyžičky Soľ
- ⅛ lyžičky Muškátový oriešok - mletý

Inštrukcie

1. Nakrájajte ovocie. Skombinujte koncentrát jablkovej šťavy a jablká; necháme 10 minút postáť.

2. Predhrejte rúru na 350. V strednej miske rozšľahajte vajcia. Zmiešajte koncentrovanú zmes, maslo a vanilku. Pridajte zvyšné ingrediencie a dobre premiešajte. Polievkové lyžice cesta 2" na vymastené plechy.

3. Pečieme 10-12 minút, kým nie sú pevné a zlatohnedé.

62. Cukrovinka a koláč s nízkym obsahom sodíka

Výťažok: 4 porcie

Zložka

- 1½ šálky Rastlinný tuk
- 2¾ šálky Cukor
- 9 Vajcia
- 1 citrón; Šťava z
- 1 lyžička Vanilkový
- 2 šálky Preosiata múka na koláč

Inštrukcie

1. Predhrejte rúru na 300 stupňov. 10-palcovú rúrovú panvicu vymastíme a vysypeme múkou.

2. Krémový tuk do hladka. Postupne dobre pridávame cukor a smotanu.

3. Pridávajte vajcia po jednom, po každom dobre smotajte. Vmiešame citrónovú šťavu a vanilku. Tortovú múku preosejeme a pridáme do zmesi.

4. Nalejte zmes do skúmavky. Pečieme 1½ hodiny alebo do vykonania testov.

63. Hnedý cukor – pekanová zmrzlina

PODÁVA 8

Zložka

- 1 lyžica vody
- 1½ čajovej lyžičky neochutenej práškovej želatíny
- 2½ šálky nízkotučného mlieka
- ¾ šálky baleného tmavohnedého cukru
- ½ lyžičky mletej škorice
- 3 žĺtky
- 1 (12 uncí) odtučnené odparené mlieko
- 1 lyžička vanilkového extraktu
- ½ šálky nasekaných pekanových orechov

Inštrukcie

1. Vo veľkom hrnci zohrejte 1½ šálky mlieka na strednom ohni. Keď je mlieko horúce, vmiešajte hnedý cukor a škoricu a ďalej zohrievajte.

2. V strednej miske vyšľaháme žĺtky a odparené mlieko. Za stáleho šľahania pridajte do vaječnej zmesi tenkým prúdom horúcu mliečnu zmes, kým sa dobre nespojí.

3. Premiestnite zmes späť do hrnca a za stáleho miešania zahrievajte na strednom ohni, kým zmes nezačne hustnúť, asi 5 minút.

4. Zmes precedíme cez jemné sitko do misy a zašľaháme zmes želatíny a vody.

5. Vmiešajte zvyšnú 1 šálku mlieka a vanilkový extrakt, prikryte a nechajte vychladnúť v chladničke najmenej 2 hodiny alebo cez noc.

6. Zmes premiešame, preložíme do zmrzlinovača a zmrazíme podľa návodu výrobcu. Keď je zmes takmer zmrazená, pridajte pekanové orechy.

64. Lemon Meringue Layer Cake

Zložka

Na tortu:
- Sprej na pečenie
- Univerzálna múka, na posypanie
- 4 vajcia pri izbovej teplote
- ⅔ šálky cukru
- 1 lyžička vanilkového extraktu
- 1 lyžička citrónovej kôry
- 3 lyžice repkového oleja
- ¾ šálky tortovej múky

Na náplň:
- 1 plechovka sladeného kondenzovaného mlieka bez tuku
- 1 lyžička citrónovej kôry
- ⅓ šálky čerstvej citrónovej šťavy

Na polevu:
- 2 bielka, pri izbovej teplote
- ¼ lyžičky vínneho kameňa
- ¼ šálky cukru
- ¼ lyžičky vanilkového extraktu

Inštrukcie

Na prípravu koláča:

1. Vo veľkej mise zmiešajte vajcia a cukor a šľahajte elektrickým šľahačom nastaveným na stredne vysokú rýchlosť, kým nebude nadýchaná a svetložltá, 8 až 10 minút. Pridajte vanilku a citrónovú kôru.

2. Pomocou gumenej špachtle jemne vmiešame olej.

3. Miešajte múku, kým sa nezapracuje.

4. Cesto preneste do pripravených foriem na pečenie a rovnomerne ho rozdeľte.

5. Koláčiky pečieme 20 až 22 minút, kým špáradlo zapichnuté do stredu nevyjde čisté.

6. Formy položte na mriežku na 10 minút vychladnúť, potom koláče vyklopte na mriežku a úplne vychladnite.

65. Čokoládový krémový koláč

PODÁVA 8
Zložka

Pre kôru:
- 1¼ šálky čokoládových omrviniek
- 3 lyžice nesoleného masla, rozpusteného

Na náplň:
- ¾ šálky cukru
- ¼ šálky kukuričného škrobu
- ¼ šálky nesladeného kakaového prášku
- 1¾ šálky nízkotučného mlieka alebo ľahkého kokosového mlieka
- 1 vajce
- 4 unce horkej čokolády, jemne nasekanej
- Beztuková nemliečna šľahačka na servírovanie

Inštrukcie

1. Vo veľkom hrnci nastavenom na strednú teplotu vyšľaháme cukor, kukuričný škrob a kakao. Pridajte mlieko a vajce a pokračujte v šľahaní do hladka.

2. Varíme za stáleho miešania, kým zmes nezabubláva a nezhustne, asi 5 minút.

3. Odstráňte zmes z ohňa a pridajte čokoládu, miešajte, kým sa úplne nerozpustí a nezapracuje.

4. Nalejte náplň do pripravenej kôry, prikryte plastovou fóliou, pritlačte plast na povrch plnky a nechajte vychladnúť, kým stuhne, najmenej 4 hodiny.

5. Podávame vychladené, podľa potreby poliate ovocím alebo šľahačkou.

66. Čerešňovo-mandľové sušienky

ROBÍ 18 BISKOT

Zložka

- 1 šálka viacúčelovej múky
- 1 hrnček celozrnnej múky
- ½ lyžičky prášku do pečiva
- ½ lyžičky sódy bikarbóny
- ¼ šálky nesoleného masla
- ½ šálky kryštálového cukru
- ¼ šálky hnedého cukru
- 2 vajcia
- 1 lyžica vanilkového extraktu
- 3 unce mandlí
- 2 unce sušených čerešní, nasekaných

Inštrukcie

1. V stredne veľkej mise zmiešajte múku, prášok do pečiva a sódu bikarbónu.

2. Vo veľkej mise elektrickým mixérom vyšľaháme maslo a cukry do krémova. Pridajte vajcia, jedno po druhom .

3. Pridajte vanilku a suché prísady a šľahajte, kým sa dobre nespoja. Pridajte mandle a sušené čerešne.

4. Cesto rozdeľte na 2 rovnaké časti. Na pripravenom plechu vytvarujte cesto do dvoch 3 x 8-palcových bochníkov.

5. Pečte bochníky, kým nie sú zlaté, 30 až 35 minút.

6. Nakrájajte bochníky pod uhlom 45 stupňov na plátky široké 1 palec.

7. Vráťte plátky na plech na pečenie a postavte ich na nezrezané okraje. Pečte sušienky, kým nie sú veľmi suché a jemne zhnednuté, asi 25 minút.

67. Ovsené vločky-Čokoládové sušienky

Zložka

- ½ šálky viacúčelovej múky
- ½ šálky celozrnnej múky
- ¾ šálky staromódneho rýchlovareného ovsa
- ½ lyžičky prášku do pečiva
- ⅓ lyžičky sódy bikarbóny
- ¾ šálky svetlohnedého cukru
- ⅓ šálky repkového oleja
- 1 vajce
- 1 lyžička vanilkového extraktu
- ⅓ šálky kúskov tmavej čokolády

Inštrukcie

1. Predhrejte rúru na 350 ° F.

2. Veľký plech vystelieme papierom na pečenie.

3. V strednej miske zmiešajte múku, ovos, prášok do pečiva a sódu bikarbónu.

4. Pomocou elektrického mixéra vo veľkej mise zmiešame cukor a olej.

5. Pridajte vajce a vanilku a šľahajte, aby sa spojili.

6. Pridajte suchú zmes k mokrej zmesi a šľahajte, aby sa spojila.

7. Vmiešame čokoládové lupienky.

8. Cesto na sušienky dávajte po okrúhlych polievkových lyžiciach na plech.

9. Cookies pečieme do zlatista, asi 25 minút. Sušienky presuňte na mriežku, aby vychladli.

68. Koláč z kukuričného chleba s nízkym obsahom sodíka

Zložka

- 1 libra Mleté hovädzie mäso, chudé
- 1 každý Veľká cibuľa - nakrájaná
- 1 každý Predstieraná paradajková polievka
- Soľ a ¾ lyžičky Čierne korenie
- 1 polievková lyžica Chilli prášok
- 12 uncí Mrazené jadro kukurice
- ½ šálky Zelená paprika - nasekaná
- ¾ šálky Kukuričná múka
- 1 polievková lyžica Cukor
- 1 polievková lyžica Univerzálna múka
- 1½ lyžičky Prášok do pečiva
- 2 bielka - dobre vyšľahané
- ½ šálky 2% mlieka
- 1 polievková lyžica Kvapky zo slaniny

Inštrukcie

1. Koláč s kukuričným chlebom: Zmiešajte na panvici mleté hovädzie mäso a nakrájanú cibuľu.

2. Hnedá dobre. Pridajte paradajkovú polievku, vodu, korenie, čili prášok, kukuricu a nakrájanú zelenú papriku. Dobre premiešame a necháme 15 minút podusiť. Premeníme na vymastený kastról. Navrch položte kukuričný chlieb (dole) a pečte v miernej (350 ~ F) rúre 20 minút.

3. Poleva na kukuričný chlieb: Preosejte kukuričnú múku, cukor, múku a prášok do pečiva. Pridáme dobre rozšľahané vajce, mlieko a odkvapkanú slaninu. Preložíme na hovädziu zmes.

69. Čokoládový suflé koláč

Výťažok: 8 porcií

Zložka

- Nelepivý rastlinný olej
- Striekajte
- 14 polievkových lyžíc Cukor
- ⅔ šálka Vlašské orechy, opekané
- ½ šálky Nesladený kakaový prášok
- 3 polievkové lyžice Zeleninový olej
- 8 veľké Vaječné bielka
- 1 štipka Soľ
- Práškového cukru

Inštrukcie

1. Panvicu a papier potrieme sprejom na rastlinný olej. Panvicu posypte 2 lyžicami cukru. V procesore najemno pomelieme orechy s 2 lyžicami cukru. Preneste zmes orechov do veľkej misy. Vmiešame 10 lyžíc cukru a kakaa, potom olej.

2. Pomocou elektrického mixéra vyšľaháme bielka a soľ vo veľkej mise, kým sa nevytvoria mäkké vrcholy. Bielky vmiešame do kakaovej zmesi.

3. Nalejte cesto do pripravenej panvice; hladký vrch.

4. Pečte, kým koláče a tester vložený do stredu nevyjdú s navlhčenými strúhankami, asi 30 minút.

70. Raňajky Tacos

Zložka

- 1 lyžička mletého kmínu
- 1 (15 uncí) ružová fazuľa bez pridania soli
- 4 cibuľky, nakrájané na plátky
- 1 malá červená paprika nakrájaná na tenké prúžky
- $\frac{1}{2}$ šálky kuracieho vývaru so zníženým obsahom sodíka
- 2 strúčiky cesnaku, mleté
- 4 vajcia
- 4 polievkové lyžice bez tuku jogurt
- 4 lyžice salsy
- 8 (6") kukuričných tortíl, opečených

Inštrukcie

a) Zahrejte 10 -palcovú nepriľnavú panvicu na stredne vysokú teplotu. Pridajte rascu a varte za občasného miešania asi 30 sekúnd, alebo kým nezavonia. Pridajte fazuľu, cibuľku, papriku, vývar a cesnak. Priveďte do varu, potom znížte teplotu, aby sa zmes rozvarila. Varte 8 minút.

b) Zadnou stranou lyžice urobte do fazule štyri priehlbiny. každé vajce rozbijeme do pudingového pohára a nalejeme do každej jamky. Prikryjeme a varíme asi 8 minút.

c) Každú porciu fazuľovej zmesi s vajcom naberte na tanier. Posypte olivami okolo fazule. Ku každej porcii pridajte 1 polievkovú lyžicu jogurtu a 1 polievkovú lyžicu salsy.

71. Grilovanie hash

Zložka

- 3 sladké zemiaky, ošúpané a nakrájané
- 1 (8-uncový) balík tempehu, nasekaný
- 1 cibuľu nakrájanú nadrobno
- 1 červená paprika nakrájaná nadrobno
- 1 polievková lyžica grilovacej omáčky zakúpenej v obchode
- 1 lyžička cajunského korenia
- $\frac{1}{4}$ šálky nasekanej čerstvej petržlenovej vňate
- 4 vajcia Papriková omáčka (voliteľné)

Inštrukcie

a) Zahrejte 3 polievkové lyžice oleja na veľkej nepriľnavej panvici na stredne vysokej teplote. Pridajte batáty a tempeh a za občasného miešania varte 5 minút, alebo kým zmes nezačne hnednúť. Znížte teplo na stredné.

b) Pridajte cibuľu a papriku a varte ďalších 12 minút, na konci varenia častejšie miešajte, kým tempeh nezhnedne a zemiaky nezmäknú.

c) Pridajte barbecue omáčku, cajunské korenie a petržlenovú vňať. Premiešajte a rozdeľte na 4 servírovacie taniere.

d) Panvicu vytrieme papierovou utierkou. Znížte oheň na stredne nízky a pridajte zvyšnú 1 polievkovú lyžicu oleja. Vajcia rozbijeme na panvicu a uvaríme do požadovanej hustoty.

e) Na každú časť hash nasuňte vajíčko a podávajte naraz. Ak je to potrebné, pri stole odovzdajte korenistú omáčku.

72. Olivová a bylinková Frittata

Zložka

- 1 lyžička olivového oleja, najlepšie extra panenského
- 3/4 šálky nasekanej červenej papriky
- 3/4 šálky nasekanej zelenej papriky
- 3/4 šálky (3 unce) strúhaného syra Monterey Jack so zníženým obsahom tuku
- 2 lyžice nasekanej čerstvej bazalky
- 5 vajec + 2 bielky, zľahka vyšľahané
- $\frac{1}{4}$ lyžičky soli Mleté čierne korenie

Inštrukcie

a) Predhrejte rúru na 375 ° F. Natrite 9-palcovú panvicu odolnú voči rúre sprejom na rastlinný olej. Umiestnite na stredne vysoké teplo. Pridajte olej. Zahrievajte 30 sekúnd. Pridajte papriku. Varte za občasného miešania asi 5 minút alebo do zmäknutia. Do panvice prisypeme syr a bazalku. Pridajte vajcia, bielka, olivy, soľ a korenie.

b) Pečieme asi 30 minút, alebo kým vajíčka nestuhnú. Necháme mierne odstáť. Nakrájajte na mesiačiky.

73. Špargľa Frittata

Ingrediencie

- ½ libry špargle, nakrájanej na 1" kúsky
- ¼ cibule nakrájaná nadrobno
- 4 vajcia
- 2 bielka
- 2 lyžice studenej vody
- 2 čajové lyžičky čerstvo nastrúhanej pomarančovej kôry
- ¼ lyžičky soli Čerstvo mleté čierne korenie

Inštrukcie

a) Predhrejte rúru na 350 ° F. 10-palcovú nepriľnavú panvicu zohrejte na strednú teplotu 1 minútu. Pridajte olej a zahrievajte 30 sekúnd. Pridajte špargľu a cibuľu. Varte za stáleho miešania asi 2 minúty, alebo kým nie je špargľa jasne zelená.

b) Medzitým vyšľaháme vajcia, bielka, vodu, pomarančovú kôru a soľ. Nalejte do panvice a varte 2 minúty, alebo kým nezačne tvrdnúť na dne. Silikónovou stierkou nadvihnite zasadené okraje a nechajte nevarenú zmes tiecť pospodu. Dobre dochutíme korením.

c) Preložíme do rúry a pečieme 6 minút. Pomocou špachtle nadvihnite okraj vaječnej zmesi a nakloňte panvicu, aby po nej stekli akékoľvek neuvarené vajce a olej. Pečte asi o 6 minút dlhšie, alebo kým nie sú nafúknuté a zlatisté.

74. Jahodovo-mandľový toast

Ingrediencie

- 1 vajce
- ¼ šálky mlieka bez tuku
- ¼ lyžičky mletej škorice
- 1 krajec celozrnného chleba
- 1 lyžička margarínu
- ½ šálky nakrájaných jahôd

Inštrukcie

a) Vajíčko rozšľaháme v plytkej miske s mliekom a škoricou. Namočte obe strany chleba do vaječnej zmesi.

b) Roztopte margarín v nepriľnavej panvici na strednom ohni. Chlieb opekajte asi 2 až 3 minúty z každej strany alebo do zlatista. Rozrežte na polovicu diagonálne. Položte polovicu na tanier. Navrch dáme polovicu jahôd a mandlí.

c) Prikryjeme druhou polovicou toastu a zvyšnými jahodami a mandľami.

75. Čokoládové palacinky

Ingrediencie

- 2/3 šálky celozrnnej múky
- 2/3 šálky nebielenej viacúčelovej múky
- 1/3 šálky kukuričnej múky
- 1 lyžica prášku do pečiva
- ½ lyžičky sódy bikarbóny
- 2 šálky netučného vanilkového jogurtu
- 3/4 šálky beztukovej náhrady vajec
- 2 lyžice repkového oleja
- 3/4 šálky nemliečnej šľahanej polevy

Inštrukcie

a) Zmiešajte múku, kukuričnú múku, prášok do pečiva a sódu bikarbónu vo veľkej mise. Vmiešajte jogurt, náhradku vajec, čokoládové lupienky a olej.

b) Natrite veľkú nepriľnavú panvicu sprejom na varenie a zohrejte na strednom ohni.

c) Na každú palacinku nalejte do panvice 2 polievkové lyžice cesta. Palacinky varte 2 minúty, alebo kým sa na povrchu neobjavia bublinky a okraje nezapadnú. Otočte a varte, kým jemne nezhnedne, asi o 2 minúty dlhšie. Opakujte so zvyšným cestom.

d) Na každú palacinku položte 1 lyžičku šľahanej polevy.

76. Čokoládové orechové oblátky

Ingrediencie

- 1 ½ šálky celozrnnej pečivovej múky
- ½ šálky nesladeného kakaového prášku
- 2 lyžičky prášku do pečiva
- ¼ lyžičky sódy bikarbóny
- 1 šálka 1% mlieka
- ½ šálky baleného hnedého cukru
- 2 čajové lyžičky espresso prášku
- 3 lyžice ľahkého olivového oleja
- 3 vaječné bielka
- 1/8 lyžičky soli
- 3 lyžice javorového sirupu

Inštrukcie

a) Zmiešajte múku, kakaový prášok, prášok do pečiva a sódu bikarbónu vo veľkej mise, kým sa nespojí. V strede múčnej zmesi urobte jamku a pridajte mlieko, cukor, espresso prášok a olej. Zmiešajte ingrediencie, kým sa nezmiešajú.

b) Predhrievajte vaflovú žehličku na 4 minúty alebo podľa pokynov výrobcu. Bielky vmiešame do čokoládového cesta v 3 prídavkoch, pričom ich zmiešame, kým sa zmes nespojí.

c) Tesne pred použitím natrite vyhrievané vaflové mriežky sprejom na varenie. Pridajte toľko cesta, aby takmer pokrylo mriežky na vafle (2/3 šálky) a varte 3 až 4 minúty.

77. Granolové tyčinky a sušené čerešne

Ingrediencie

- 1½ šálky suchého obyčajného ovsa
- 1 lyžica univerzálnej múky
- 2/3 šálky nasekaných sušených nesladených čerešní
- 2 vajcia
- 1 šálka baleného svetlohnedého cukru
- 1 lyžica repkového oleja
- 1 lyžička mletej škorice
- ¼ lyžičky soli
- 1 lyžička vanilkového extraktu

Inštrukcie

a) Umiestnite 1 šálku kešu a ½ šálky ovsa na veľký plech na pečenie so stranami. Pečte 10 minút, alebo kým nie sú opečené, raz premiešajte. Odložte bokom.

b) Vložte múku a zvyšnú 1 šálku ovsa a ½ šálky kešu do kuchynského robota vybaveného kovovou čepeľou. Spracujte do hladka. Premiestnite do strednej misky a skombinujte s čerešňami a rezervovanými kešu a ovsom.

c) Vo veľkej mise vyšľaháme vajcia, hnedý cukor, olej, škoricu, soľ a vanilku. Miešajte zmes ovsa a kešu, kým sa dobre nezmieša. Rozložte na pripravenú panvicu.

d) Pečieme 30 minút alebo do zlatista.

e)

78. Ovocné a orechové muffiny

Ingrediencie

- 1 3/4 šálky celozrnnej pečivovej múky
- 1½ lyžičky prášku do pečiva
- 1½ lyžičky mletej škorice
- ½ lyžičky sódy bikarbóny
- ¼ lyžičky soli
- 1 šálka vanilkového jogurtu bez tuku
- ½ šálky hnedého cukru
- 1 vajce
- 2 lyžice repkového oleja
- 1 lyžička vanilkového extraktu
- ½ šálky rozdrveného ananásu v šťave, scedený
- 1/3 šálky ríbezlí alebo hrozienok
- ¼ šálky strúhanej mrkvy

Inštrukcie

a) Predhrejte rúru na 400 ° F.

b) Zmiešajte múku, prášok do pečiva, škoricu, sódu bikarbónu a soľ vo veľkej mise. Zmiešajte jogurt, hnedý cukor, vajce, olej a vanilku v strednej miske. Jogurtovú zmes vmiešame do múčnej zmesi, kým sa nezmieša.

c) Pridajte pekanové orechy, ananás, ríbezle alebo hrozienka a mrkvu.

d) Cesto rovnomerne rozdeľte do 12 košíčkov na muffiny.

e) Pečieme 20 minút.

79. Dvojité tekvicové tyčinky

Ingrediencie

- 1 šálka konzervovanej tekvice v tuhom balení
- 1 šálka strúhanej mrkvy
- ½ šálky cukru
- 1/3 šálky sušených brusníc alebo hrozienok
- ¼ šálky repkového oleja
- 2 veľké vajcia
- 1 šálka celozrnnej pečivovej múky
- 1 lyžička prášku do pečiva
- 1 lyžička mletej škorice
- ½ lyžičky sódy bikarbóny
- ¼ lyžičky soli

Inštrukcie

a) Odmerajte 1 šálku tekvicových semienok do mixéra alebo kuchynského robota a spracujte, kým nie sú jemne mleté. Odložte bokom. Zvyšné semienka nahrubo nasekajte a odložte.

b) Zmiešajte tekvicu, mrkvu, cukor, brusnice alebo hrozienka, olej a vajcia vo veľkej miske a miešajte, kým sa dobre nezmiešajú. Pridajte múku, mleté tekvicové semienka, prášok do pečiva, škoricu, sódu bikarbónu a soľ. Miešajte, kým sa nezmieša.

c) Cesto nalejeme do pripravenej formy a rovnomerne rozotrieme. Posypeme odloženými nasekanými tekvicovými semienkami. Pečte 22 až 25 minút, alebo kým vrch pri miernom stlačení neodskočí. Pred krájaním na 12 tyčiniek úplne vychladnúť v panvici na mriežke.

80. Vaječná kôra na pizzu

Ingrediencie -

- 3 vajcia
- 1/2 šálky kokosovej múky
- 1 šálka kokosového mlieka
- 1 pretlačený strúčik cesnaku

Inštrukcie

a) Premiešame a urobíme omeletu.

b) Podávajte

81. Omeleta so zeleninou

Podáva 1

Ingrediencie

- 2 veľké vajcia
- Soľ
- G okrúhle čierne korenie
- 1 lyžička olivového oleja alebo rascový olej
- 1 šálka špenátu, cherry paradajky a 1 lyžica syrového jogurtu
- Drvené vločky červenej papriky a štipka kôpru

Inštrukcie

a) V malej miske rozšľaháme 2 veľké vajcia. Dochutíme soľou a mletým čiernym korením a odstavíme. Zahrejte 1 čajovú lyžičku olivového oleja na strednej panvici na strednom ohni.

b) Pridáme baby špenát, paradajky, syr a varíme za stáleho miešania do zvädnutia (cca 1 minútu).

c) Pridajte vajcia; varte za občasného miešania, kým nestuhne, asi 1 minútu. Vmiešame syr.

d) Posypeme drvenými vločkami červenej papriky a kôprom.

82. Vaječné muffiny

Ingrediencie

Porcia: 8 muffinov

- 8 vajec
- 1 šálka zelenej papriky nakrájanej na kocky
- 1 šálka cibule nakrájanej na kocky
- 1 šálka špenátu
- 1/4 lyžičky soli
- 1/8 lyžičky mletého čierneho korenia
- 2 polievkové lyžice vody

Inštrukcie

a) Rúru zohrejte na 350 stupňov F. Naolejujte 8 košíčkov na muffiny.

b) Vajcia spolu rozšľaháme.

c) Zmiešajte papriku, špenát, cibuľu, soľ, čierne korenie a vodu. Zmes nalejeme do košíčkov na muffiny.

d) Pečieme v rúre, kým muffiny nie sú v strede hotové.

83. Miešané vajcia z údeného lososa

Ingrediencie

- 1 lyžička kokosového oleja
- 4 vajcia
- 1 polievková lyžica vody
- 4 oz. údený losos, nakrájaný na plátky
- 1/2 avokáda
- mleté čierne korenie, podľa chuti
- 4 nasekaná pažítka (alebo použite 1 zelenú cibuľku nakrájanú na tenké plátky)

Inštrukcie

a) Zohrejte panvicu na strednom ohni.

b) Keď je horúci, pridajte kokosový olej na panvicu.

c) Medzitým si rozmiešame vajíčka. Pridajte vajcia do horúcej panvice spolu s údeným lososom. Za stáleho miešania uvaríme vajíčka, kým nebudú mäkké a nadýchané.

d) Odstráňte z tepla. Podávajte avokádo, čierne korenie a pažítku.

84. Steak a vajcia

Podáva 2

Ingrediencie -

- 1/2 libry vykostený hovädzí steak alebo bravčová panenka
- 1/4 lyžičky mletého čierneho korenia
- 1/4 čajovej lyžičky morskej soli (voliteľné)
- 2 lyžičky kokosového oleja
- 1/4 cibule, nakrájanej na kocky
- 1 červená paprika, nakrájaná na kocky
- 1 hrsť špenátu alebo rukoly
- 2 vajcia

Inštrukcie

a) Nakrájaný steak alebo bravčovú panenku ochutíme morskou soľou a čiernym korením. Zahrejte panvicu na vysokú teplotu. Pridajte 1 čajovú lyžičku kokosového oleja, cibuľu a mäso, keď je panvica horúca, a restujte, kým steak nie je mierne prepečený.

b) Pridajte špenát a červenú papriku a varte, kým steak nebude hotový podľa vašich predstáv. Medzitým zohrejte malú panvicu na strednom ohni. Pridajte zvyšný kokosový olej a opečte dve vajcia.

c) Na servírovanie naplňte každý steak vyprážaným vajíčkom.

85. Vajcia piecť

Ingrediencie -

Podáva 6

- 2 šálky nakrájanej červenej papriky alebo špenátu
- 1 šálka cukety
- 2 polievkové lyžice kokosového oleja
- 1 šálka nakrájaných húb
- 1/2 šálky nakrájanej zelenej cibule
- 8 vajec
- 1 šálka kokosového mlieka
- 1/2 šálky mandľovej múky
- 2 polievkové lyžice mletej čerstvej petržlenovej vňate
- 1/2 lyžičky sušenej bazalky
- 1/2 lyžičky soli
- 1/4 lyžičky mletého čierneho korenia

Inštrukcie

a) Predhrejte rúru na 350 stupňov F. Vložte kokosový olej do panvice. Zahrejte ho na strednú teplotu. Pridajte huby, cibuľu, cuketu a červenú papriku (alebo špenát), kým zelenina nezmäkne, asi 5 minút. Zeleninu scedíme a rozložíme na pekáč.

b) Vajcia rozšľaháme v miske s mliekom, múkou, petržlenovou vňaťou, bazalkou, soľou a korením. Nalejte vaječnú zmes do pekáča.

c) Pečieme v predhriatej rúre, kým stred nezostane (približne 35 až 40 minút).

86. Frittata

6 porcií

Ingrediencie

- 2 polievkové lyžice olivového oleja alebo avokádový olej
- 1 cuketa, nakrájaná na plátky
- 1 šálka natrhaného čerstvého špenátu
- 2 polievkové lyžice nakrájanej zelenej cibule
- 1 lyžička prelisovaného cesnaku, soľ a korenie podľa chuti
- 1/3 šálky kokosového mlieka
- 6 vajec

Inštrukcie

a) Zohrejte olivový olej na panvici na strednom ohni. Pridáme cuketu a varíme do mäkka. Zmiešajte špenát, zelenú cibuľku a cesnak. Dochutíme soľou a korením. Pokračujte vo varení, kým špenát nezvädne.

b) V samostatnej miske vyšľaháme vajíčka a kokosové mlieko. Nalejte do panvice na zeleninu. Znížte teplotu na minimum, prikryte a varte, kým vajcia nie sú pevné (5 až 7 minút).

87. Naan / Palacinky / Palacinky

Ingrediencie

- 1/2 šálky mandľovej múky
- 1/2 šálky tapiokovej múky
- 1 šálka kokosového mlieka
- Soľ
- kokosový olej

Inštrukcie

a) Všetky ingrediencie spolu zmiešame.

b) Zahrejte panvicu na strednom ohni a nalejte cesto na požadovanú hustotu. Keď sa cesto zdá byť tuhé, otočte ho na druhú stranu.

c) Ak chcete, aby to bol dezertný krep alebo palacinka, vynechajte soľ. Ak chcete, môžete do cesta pridať mletý cesnak alebo zázvor alebo nejaké korenie.

88. Cuketové palacinky

Podáva 3

Ingrediencie

- 2 stredné cukety
- 2 polievkové lyžice nakrájanej cibule
- 3 rozšľahané vajcia
- 6 až 8 polievkových lyžíc mandľovej múky
- 1 lyžička soli
- 1/2 lyžičky mletého čierneho korenia
- kokosový olej

Inštrukcie

a) Predhrejte rúru na 300 stupňov F.

b) Do misky nastrúhame cuketu a vmiešame cibuľu a vajcia. Vmiešame 6 polievkových lyžíc múky, soľ a korenie.

c) Rozohrejte veľkú panvicu na strednú teplotu a pridajte do nej kokosový olej. Keď je olej horúci, znížte oheň na stredne nízky a pridajte cesto do panvice. Palacinky opekáme asi 2 minúty z každej strany, kým nezhnednú. Vložte palacinky do rúry.

89. Quiche

Podáva 2-3

Ingrediencie

- 1 Predvarená a vychladnutá kôra na slaný koláč
- 8 uncí organického špenátu, uvareného a scedeného
- 6 uncí bravčového mäsa na kocky
- 2 stredné šalotky nakrájané na tenké plátky a opražené
- 4 veľké vajcia
- 1 šálka kokosového mlieka
- 3/4 lyžičky soli
- 1/4 lyžičky čerstvo mletého čierneho korenia

Inštrukcie

a) Bravčové mäso opražte na kokosovom oleji a potom pridajte špenát a šalotku. Po dokončení odložte.

b) Predhrejte rúru na 350 F. Vo veľkej mise zmiešajte vajcia, mlieko, soľ a korenie. Šľaháme do peny. Pridajte asi 3/4 scedenej plniacej zmesi, zvyšnú 1/4 si nechajte na „vrch" quiche. Nalejte vaječnú zmes do korpusu a na vrch quiche položte zvyšnú náplň.

c) Quiche vložte do rúry na stred stredného roštu a pečte nerušene 45 až 50 minút.

90. Raňajkové klobásové guľky

Výťažok: 12 porcií

Zložka

- 2 polievkové lyžice pomarančového džúsu, mrazený koncentrát
- 2 polievkové lyžice javorového sirupu
- 4 segmenty Chlieb
- 1 vajce, mierne rozmixované
- ½ libry mierna objemná klobása
- ½ šálky na kocky nakrájaných grilovaných pekanových orechov
- 2 lyžice petržlenových vločiek

Inštrukcie

a) Chlieb rozdrobíme v pomarančovej šťave a javorovom sirupe. Pridajte vajíčko a dôkladne premiešajte.

b) Vmiešajte zvyšné ingrediencie. Urobte do malých guľôčok klobásy s priemerom asi 1 palca alebo do placiek. Smažte pomaly na panvici alebo na panvici na miernom ohni, kým nezhnedne. Môže sa podávať ako predjedlo alebo ako príloha k makarónom na rodinnú večeru. Dá sa pripraviť vopred a po uvarení zmraziť.

c) Pred podávaním prehrejte na teplom grile.

91. Raňajky sendviče s klobásou

Výťažok: 1 porcia

Zložka

- Zmäknuté maslo alebo margarín
- 8 segmentov Chlieb
- 1 libra Bravčová klobása, varená
- Rozdrobené a scedené
- 1 šálka (asi
- 4 unce) strúhaný syr čedar
- 2 vajcia, zmiešané
- 1½ šálky mlieka
- 1½ lyžičky horčice

Inštrukcie

a) Namažte jednu stranu každého segmentu chleba maslom.

b) Umiestnite 4 segmenty, maslom nadol, v jednej vrstve do mierne vymastenej 8-palcovej štvorcovej zapekacej misy.

c) navrchu každý segment chleba klobásou a zvyšnými segmentmi chleba, natretou stranou nahor. Posypeme syrom.

d) Zmiešajte zostávajúce prísady; špurtovať cez sendviče. prikryjeme pokrievkou a dáme do chladničky aspoň na 8 hodín.

92. pražený čilský puding

Výťažok: 4 porcie

Zložka

- 2 veľké vajcia
- 2 veľké vaječné žĺtky
- ⅓ šálky cukru, hnedý
- 2 lyžice cukru, hnedý
- ¼ lyžičky soli
- 2 šálky krémovej, ťažkej
- ¼ lyžičky vanilky
- 2 čajové lyžičky Chile de Arbol, pražené v prášku

Inštrukcie

a) Gril rozohrejeme na 300 stupňov. Vajcia, žĺtky, ⅓ c hnedého cukru a soľ vyšľaháme v nereaktívnej miske , až kým sa nezmiešajú.

b) Oparte smotanu a vanilku v hrnci na miernom ohni; Odstráňte z tepla; rýchlo rozšľahajte v zlomkoch do vajca, až kým nebude hladká; pridajte späť do smotany v hrnci; priveďte späť do varu pudingových kabátikov na zadnej strane lyžice; Vyberte z tepla.

c) nasypte puding do 4 4 uncových ramekinov; miesto v hotelovej panvici; naplánovať panvicu na grile ; naplňte dostatočným množstvom vody, aby siahala do ⅔ po stranách ramekins; pečieme do stuhnutia (asi 35 minút); chladiť 3 hodiny.

d) Slúžiť; posypte každý puding ¼ lyžičky čili prášku; horná s preosiatym hnedým cukrom; grilujeme, kým sa cukor neroztopí, nie spálený.

93. Raňajky sendviče s klobásou

Výťažok: 1 porcia

Zložka

- Zmäknuté maslo alebo margarín
- 8 segmentov Chlieb
- 1 libra Bravčová klobása, varená
- 4 unce strúhaného syra čedar
- 2 vajcia, zmiešané
- 1½ šálky mlieka
- 1½ lyžičky horčice

Inštrukcie

a) Namažte jednu stranu každého segmentu chleba maslom.

b) Umiestnite 4 segmenty, maslom nadol, v jednej vrstve do mierne vymastenej 8-palcovej štvorcovej zapekacej misy.

c) navrchu každý segment chleba klobásou a zvyšnými segmentmi chleba, natretou stranou nahor. Posypeme syrom.

d) Zmiešajte zostávajúce prísady; špurtovať cez sendviče. prikryjeme pokrievkou a dáme do chladničky aspoň na 8 hodín

e) Vyberte z chladničky; nechajte 30 minút odpočívať.

94. Nemecké palacinky

Výťažok: 12 porcií

Zložka

- grilované kura z červenej papriky
- 3 veľké vajcia
- ⅓ šálky viacúčelovej múky
- ⅓ šálky mlieka
- ¼ lyžičky soli
- 1 polievková lyžica Rastlinný tuk; roztopený

Inštrukcie

a) Hotové grilované kura s červenou paprikou; ochlaďte, kým nie je pripravený na podávanie.

b) Zahrejte gril na 450 F. V stredne veľkej nádobe pomocou elektrického mixéra pri vysokej rýchlosti rozmixujte vajcia na husté a nadýchané. Znížte rýchlosť mixéra na nízku a postupne primiešajte múku, mlieko a soľ.

c) Umiestnite 2 panvice, z ktorých každá obsahuje šesť 2½ palcových foriem v tvare srdca alebo muffinovú panvicu s dvanástimi 2 ½ palcovými šálkami, do grilu na 5 minút, aby sa zohriali. Vyberte panvice z grilu ; kefa poháre s roztaveným tukom. Cesto rozdeľte do košíčkov a pečte 10 až 12 minút alebo až kým nenafúkne a jemne nezhnedne.

d) Vyberte palacinky z pohárov na mriežku. Ochlaďte 5 až 10 minút alebo až kým stred neklesne, pričom zostane mierny priehlbina. Grilované kura z červenej papriky lyžicou nanášame do stredných palaciniek a ukladáme na servírovací tanier. Ihneď podávajte. Ak chcete, palacinky môžu byť pred plnením úplne vychladené a podávané studené.

e) Z $\frac{1}{2}$ šálky na kocky nakrájanej grilovanej papriky odložte 2 polievkové lyžice. Zvyšnú červenú papriku vložte do kuchynského robota vybaveného krájacou čepeľou. Pridajte 3 lyžice majonézy, 1 lyžicu balzamikového octu, $\frac{1}{4}$ lyžičky mletého čierneho korenia a $\frac{1}{8}$ lyžičky soli; spracovávať, kým zmes nie je pyré. Presuňte sa na stredne veľkú misku a vmiešajte 1 šálku na kocky nakrájaného vareného kurčaťa, 1 zelenú cibuľku, nadrobno nakrájanú a odloženú 2 polievkové lyžice na kocky nakrájanú grilovanú červenú papriku.

f) Dobre premiešajte. C prikryte vekom a nechajte vychladnúť, kým nie je pripravený na podávanie.

ČERSTVÝ NÁPOJ Z VAJEC S

95. Coquito

Výťažok: 1 porcia

Zložka

- 13/16-kvart Ľahký portorický rum
- Odlúpnite z 2 limetiek; (strúhaný)
- 6 Žĺtky
- 1 plechovka Sladké kondenzované mlieko
- 2 plechovky (veľké) odparené mlieko
- 2 plechovky Kokosový krém; (ako Coco Lopez)
- 6 uncí Gin

Inštrukcie

a) Polovicu rumu zmiešajte s limetkovou kôrou v mixéri pri vysokej rýchlosti 2 minúty. Preceďte a vložte do veľkej misy. Pridáme zvyšok rumu.

b) V mixéri zmiešajte vaječné žĺtky, obe mlieka a gin, kým sa dobre nerozmixujú.

c) ¾ tejto zmesi nalejeme do misky s rumom. Zvyšok zmiešame s kokosovou smotanou a dobre premiešame. pridajte do rumovej zmesi, dobre premiešajte a dajte do chladničky.

96. Klasické Amaretto Sour

Výťažok: 1 nápoj

Ingrediencie

- 1 ½ unce (3 polievkové lyžice) amaretta
- ½ unce (1 polievková lyžica) bourbon whisky
- 1 unca (2 polievkové lyžice) citrónovej šťavy
- 1 lyžička jednoduchého sirupu alebo javorového sirupu
- 1 vaječný bielok
- 2 čiarky Angostura bitters
- Na ozdobu: Koktejlová čerešňa alebo čerešňa Luxardo, plátok citróna

Inštrukcie

a) Pridajte amaretto, bourbon, citrónovú šťavu, sirup, vaječný bielok a bitters do koktailového šejkra bez ľadu. Pretrepávajte 15 sekúnd.

b) Pridajte ľad do koktailového šejkra. Znova pretrepávajte 30 sekúnd.

c) Nápoj sceďte do pohára; pena sa bude zhromažďovať na vrchu. Ozdobte kokteilovou čerešňou.

97. Whisky Sour Cocktail

PODÁVANIE 1 porcia

Ingrediencie

- 2 unce whisky
- 3/4 unce čerstvo vytlačenej citrónovej šťavy
- 1/2 unce jednoduchého sirupu
- 1 veľký vaječný bielok
- Ľad
- 2 až 3 kvapky Angostura bitters, voliteľné

Inštrukcie

a) Zmiešajte ingrediencie a pretrepte bez ľadu:

b) Pridajte whisky, citrónovú šťavu a jednoduchý sirup do koktailového šejkra a potom pridajte vaječný bielok.

c) Pretrepávajte bez ľadu 60 sekúnd.

d) Pridajte ľad, znova pretrepte a potom sceďte:

e) Pridajte ľad do šejkra a znova pretrepávajte 30 sekúnd. Precedíme do koktailového pohára a na vrch nakvapkáme bitters. Podávajte!

98. Nemecký vaječný likér

Porcie: 2

Ingrediencie

- 4 žĺtky
- 1 šálka práškového cukru
- 1/2 lyžičky vanilkového extraktu
- 1/2 šálky smotany na šľahanie
- 1/3 šálky rumu

Inštrukcie

a) Vajíčka oddelíme a žĺtky pridáme do stredne veľkej misky. Pridáme práškový cukor a vanilkový extrakt a miešame elektrickým ručným šľahačom alebo metličkou, kým nedosiahneme krémovú konzistenciu.

b) Primiešame smotanu na šľahanie a stále šľaháme.

c) Teraz pomaly prilievame rum a stále intenzívne šľaháme.

d) Po napenení vložte misku do horúceho vodného kúpeľa na varnú dosku a šľahajte niekoľko minút, kým zmes nie je hustá a krémová. Uistite sa, že voda v hrnci je horúca, ale nie vriaca, pretože nechcete, aby vaječný likér začal bublať a nestratil alkohol. Chcete zahriať vaječný likér na približne 160 stupňov Fahrenheita.

e) Vaječný likér nalejte do pohárov, aby ste ho mohli ihneď popíjať, alebo do dezinfikovaných fliaš, ktoré si uchováte na neskôr. Ak používate čisté vybavenie a čerstvé vajcia, vaječný likér by mal vydržať v chladničke približne 4 mesiace.

99. Vietnamská vaječná káva

Porcie: 2 šálky

Ingrediencie

- 12 oz. espresso
- 1 žĺtok
- 4 polievkové lyžice sladeného kondenzovaného mlieka

Inštrukcie

a) Uvarte 2 šálky espressa

b) Vaječný žĺtok a sladené kondenzované mlieko vyšľaháme do svetlej peny alebo mäkkosti.

c) Pridajte zmes vajec na vrch espressa.

100. Zabaglione

Porcie: 4

Ingrediencie

- 4 žĺtky
- 1/4 šálky cukru
- 1/2 šálky Marsala Suché alebo iné suché biele víno
- pár vetvičiek čerstvej mäty

Pokyny :

a) V žiaruvzdornej nádobe vyšľaháme žĺtky a cukor, až kým nebudú svetložlté a lesklé. Potom by sa mala vmiešať Marsala.

b) Stredný hrniec naplnený do polovice vodou priveďte do mierneho varu. Začnite šľahať zmes vajec a vína v žiaruvzdornej miske na vrchu hrnca.

c) Pokračujte v šľahaní 10 minút elektrickými šľahačmi (alebo šľahačom) nad horúcou vodou.

d) Použite teplomer s okamžitým odčítaním, aby ste sa uistili, že zmes počas varenia dosiahne 160 °F.

e) Odstráňte z tepla a nalejte zabaglione na pripravené ovocie a ozdobte lístkami čerstvej mäty.

f) Zabaglione je rovnako chutné podávané na zmrzline alebo samotné.

ZÁVER

Myslíte si, že viete všetko o vajciach a o tom, ako s nimi variť a piecť? Zamysli sa znova! Denná kuchárka na čerstvé vajcia vám ukázala nové a vzrušujúce spôsoby, ako začleniť čerstvé vajcia do vášho repertoáru na varenie a pečenie, každý deň. Od tradičných raňajok po polievky, šaláty a hlavné jedlá plus výdatné večere a sladké dobroty.

www.ingramcontent.com/pod-product-compliance
Lightning Source LLC
Chambersburg PA
CBHW070656120526
44590CB00013BA/980